다시 일어서는 힘

리질리언스 코칭

다시 일어서는 힘
리질리언스 코칭

초판 1쇄 발행 2021년 7월 15일
지은이 이지연
펴낸곳 크레파스북
펴낸이 장미옥
총괄 정미현
기획·정리 박민정·노선아
디자인 김지우

출판등록 2017년 8월 23일 제2017-000292호
주소 서울시 마포구 성지길 25-11 오구빌딩 3층
전화 02-701-0633
팩스 02-717-2285
이메일 crepas_book@naver.com
인스타그램 www.instagram.com/crepas_book
페이스북 www.facebook.com/crepasbook
네이버포스트 post.naver.com/crepas_book

ISBN 979-11-89586-34-8(03370)
정가 15,000원

이 도서의 국립중앙도서관 출판예정도서목록CIP은 서지정보유통지원시스템 홈페이지(http://seoji.nl.go.kr)와
국가자료종합목록 구축시스템(http://kolis-net.nl.go.kr)에서 이용하실 수 있습니다.

다시 일어서는 힘

리질리언스 코칭

Resilience Coaching

글 이지연

크레파스북

다시 일어서는 힘

리질리언스 코칭

본래 우리는
넘어져 있는 상태로 시작했다

생각해 보면 우리는 넘어지며 배운 것들이 참 많다. 어린 시절 동생과 오르막길에서 자전거를 타기 위해 수없이 넘어졌던 경험이 있다. 우리 집이 가파른 오르막길에 있었던 탓도 있지만 본디 자전거라는 것이 한 번에 능수능란하게 탈 수 있는 것이 아니다. 넘어지길 주저한다면 자전거를 타기 어려워진다. 참 신기한 건 자전거를 처음 타고 배울 때 누군가 뒤를 잡아 주면 안심이 된다는 것이다. 비틀거리면서도 뒤에서 잡아 주는 동생이 있다는 사실에 참 든든했다. 아이들의 걸음마 연습도 그렇다. 저 혼자 힘으로 일어서기 힘들어 부모 손을 잡고 한 걸음 한 걸음 내딛는 연습을 한다. 그러다 어느 날은 스스로 한 걸음 내디뎌 본다. 그럴 때 "잘한다. 잘한다" 노래 부르며 박수 쳐 주는 가족들이 있으면 신이나 힘을 내어 한 걸음이 두 걸음이 되고, 넘어져 엉덩방아를 찧었다가도 또 주저 없이 일어선다. 우리는 태어나면서 걷기까지 수천 번을 넘어진다. 넘어지고 일어서는 과정에 누군가 곁에 있다면 조금은 더 힘을 내어 볼 수 있지 않을까?

말이나 사슴, 소 등의 동물은 날 때부터 일어설 수 있지만 사람은 그렇지 않다. 사람이라는 존재 누구도 태어나면서부터 서 있지 않았다. 더 사실적으로는 모두가 넘어진 상태에서 시작했다. 그런데 서기 위한 어린 시절의 넘어짐은 그리 자연스럽게 받아들이던 우리가 어느 순간부터 넘어지는 것을 아주 부자연스러운 일인 것처럼 여기고 있다.

넘어지면 큰일이 날 것처럼, 넘어지면 절대 안 되는 것처럼, 그렇게 나의 넘어짐도 누군가의 넘어짐도 수용이 불가한 일이 되어 버렸다. 넘어진다는 것은 일어서기 위해 꼭 필요한 과정임에도 말이다. 완벽을 강요하는 세상 속, 우리는 세상이 이야기하는 것이 꼭 절대적인 사실이고 반드시 지켜야 할 규범인 것처럼 저항 의식도 갖지 않은 채 세상의 꼭두각시가 되어 살아가고 있다. 어쩌면 이마저도 망각하며 살아가고 있는지 모를 일이다.

올림픽이 열리면 열정적으로 응원하는 경기 종목 중 하나가 유도다. 유도라는 운동에서 기본적으로 배우고 가장 많이 연습하는 기술이 무엇인지 아는가? 바로 '낙법'이다. 낙법은 상대의 공격을 받았거나 스스로 넘어질 때 충격을 줄이는 기술이다. 한마디로 낙법이란 잘 넘어지는 방법이다. 유도는 상대를 잘 넘겨야 이기는 경기다. 그럼에도 불구하고 유도는 넘기는 기술이 아닌 넘어지는 기술을 배우는 것으로 시작한다. 국가대표였던 조준호 선수도 나처럼 왜 낙법을 먼저 배우는지 의구심이 들었다고 한다. 훗날 알게 된 건 제아무리 백전불패를 자랑하는 강자라도 경기 중에 넘어지지 않을 도리가 없다는 것이다. 낙법을 제대로 익히면 메치기를 당해도 움츠러들지 않고 담대하게 경기에 전념할 수 있다. 이런 유도의 모습은 우리네 삶을 닮아 있다. 삶도 잘 넘어지는 연습과 다시 일어나는 기술이 필요하다.

나의 넘어짐과 다른 이의 넘어짐이 좀 더 자연스럽고 그래도 괜찮다고 여겨지는 세상 속에 살고 싶다. 내가 살고 있고, 만나는 작은 세상 속에서라도 이런 소망이 이루어지기를 바라는 마음에 리질리언스 코칭을 소개하게 되었다. 리질리언스 코칭은 나와 같은 보통 사람들의 회복과 성장을 향한 따뜻한 응원이다.

내 상처로
다른 사람을 돌아볼 때

　초등학교 때 갑자기 비가 오는 날이면 마음이 먹먹해지곤 했다. 다른 친구들은 엄마나 아빠가 우산을 들고 마중을 나왔지만 맞벌이 가정의 자녀인 내게는 우산을 가지고 마중 나올 사람이 없었다. 동생이 나와 같은 초등학교를 입학했을 때의 일이다. 어느 날 예기치 않은 비가 쏟아졌다. 우산을 들고 우리 자매를 기다려 줄 사람이 없다는 서러움을 동생에게는 경험하게 하고 싶지 않았다. 동생에게 잠시만 기다리라고 하고는 언덕 두 개를 넘어 집까지 단숨에 뛰어 올라갔다. 그렇게 우산을 들고는 숨이 턱에 차기까지 뛰고 또 뛰어 학교로 돌아와 동생에게 우산을 씌어 주었다. 그때 깨닫게 된 것이 있다. 동생에게 우산을 들고 마중을 간 언니가 된 순간, 내 안에 있던 서러움이 위로를 받았다는 것이다.

공황장애로 스스로를 통제하지 못하는 고통스러운 상황에 꽤나 긴 시간 머물러 있었다. 영원할 것 같던 고통의 시간은 넘어져도 괜찮다는 것을 깨달으면서 조금씩 회복되기 시작했다. 어린 시절, 서러움이 누군가를 사랑하는 배려의 모습이 되어 나를 회복시켰던 것처럼 넘어져도 괜찮다는 사실은 공황장애로 조금은 힘겹게 살아가던 나를 이해할 수 있도록 해 주었다. 인생에서 겪는 서러움이 고통으로 끝나서는 안 된다. 고통으로 주저앉아 버리면 영원한 상처가 되지만 다시 일어서면 고통은 자신을 성장시키는 의미 있는 선물이 된다.

코칭의 어떤 전문가들은, 코칭은 원하는 내일을 그리는 미래지향적 관점을 갖기에 과거에 머물러서는 안 된다고 한다. 그러나 내가 만나는 사회복지 현장의 피코치(고객) 대다수는 과거에 생각과 마음이 매여 오늘을 살아 내는 것에 관심을 두지 못한다. 사회복지 현장에서 이루어지는 코칭은 공감으로 신뢰를 형성하기 이전에 다음으로 나아가기가 쉽지 않다. 내일을 그리는 일을 힘들어하는 피코치를 보며 나는 코칭도 어제의 일을 피코치와 함께 만나고 토닥이며 공감하는 것이 우선이라는 생각이 들었다. 그렇게 공감이 이루어져야 관점의 재해석이 가능해지고, 원하는 미래를 그리는 방향으로 키를 잡을 수 있다. 그렇게 어제의 서러움을 공감받고 안전해지면 용기를 내어 다시 일어서고 내일을 그려볼 수 있게 된다.

리질리언스 코칭은 회복이 필요한 사회복지 현장에서 대다수 이루어졌다. '미투위코치센터'는 아픔과 고통을 재해석한 상처 입은 영혼들이 다시 일어서서 누군가의 코치가 되는, 나의 회복에서 너의 회복을 도와 우리라는 회복과 성장의 공동체를 만들어 나가고자 하는 비전을 담고 있다. 상처의 깊이만큼 성숙한 그들이 코치가 될 때 현장에서는 놀라운 회복들이 이루어진다. 상처와 고통에만 몰입되어 있는 사람이 회복과 성장을 돕는 코치가 될 수는 없다. 그러나 아팠다 회복한 경험이 있는 사람들이, 넘어졌다 일어나 본 경험이 있는 사람들이, 그 경험을 토대 삼아 성장한다면 공감이 그들의 능력이 되어 자연스럽게 회복으로 이끄는 통로 역할을 할 수 있다. 다른 이의 아픔에 눈을 맞추고 따스한 토닥임이 있는 관계가 리질리언스 코칭을 통해 이루어진다. 리질리언스 코칭의 목적은 넘어진 자리에서 일어설 힘이 있음을 인식하고 회복과 원하는 성장을 이루어 다른 이들에게도 회복의 선순환을 이루는 것이다.

나는 사회복지사

법학을 전공하던 대학 시절, 교수님의 권유로 발달장애 아동 기관에서 봉사활동을 하게 되었다. 내가 다니는 교회에서도 수련회 때면 지방으로 봉사활동을 하러 갔던 터라 교수님의 제안이 불편하지 않았다. 처음에는 일주일에 한 번씩 방문했다. 그러다 어느 순간 기관을 방문하는 횟수가 늘어나기 시작했다. 발달장애인들과 하는 프로그램에 참여하는 것이 재미있고 보람으로 다가왔기 때문이다. 발달장애인들을 만나며 말로는 설명할 수 없는 설렘을 경험하게 되면서 진로에 대한 고민이 생겼다. 함께하는 시간이 즐겁고 내가 누군가에게 도움을 줄 수 있는 존재라는 뿌듯함이 꽤나 큰 의미로 자리하기 시작했다. 결국 공무원 시험을 준비하는 대열에서 이탈해 사회복지 현장으로 마음을 돌렸다.

근무를 시작하기 전에는 좋은 사회복지사가 될 수 있다는 자신감이 있었지만 막상 현장에 나가니 배워가야 할 것이 너무도 많았다. 사회복지사로 근무하게 된 첫날의 일이었다. 아동들이 벗어놓은 빨래를 해야 하는데 그제야 깨달았다. 세탁기를 사용할 줄 모른다는 사실을. 기본적인 일상생활 능력이 기술이 되고 전문성이 되는 현장에 와서야 부모님으로부터 많은 배려를 받고 살아왔음을 알게 되었다. 지식으로 배운 것과 현장에서 필요로 하는 사회복지사의 역량에는 차이가 있었다.

반복적인 실수와 역할에 대한 혼란은 6개월 이상 지속되었다. 파트너 선생님이 근무하실 때와 달리 내가 근무를 하는 날이면 어김없이 대변을 개인 사물함 벽이나 화장실 벽에 바르고 장난을 치는 아동이 있었다. 아침에 출근하면 보통 하는 일이 대변 장난을 치는 아동의 뒤꽁무니를 쫓아다니며 벽을 닦는 일이었다. 봉사활동을 하러 다니던 당시 발달장애 아동들은 마치 내 눈에 천사처럼 보였다. 그런 천사 같은 아이들에게 천사 같은 사회복지사가 되리라는 꿈이 있었다. 하지만 기대와는 달리 나는 천사 같은 사회복지사가 되지 못했다.

처음부터 꿈을 잘못 그린 것이었다. 사회복지 현장은 천사가 아니라 전문성을 겸비한 인재가 필요한 곳이었다. 아동들도 천사가 아니라 배움과 성장을 향해 가는 한 사람이었다. 당시 10명의 아동을 돌봐야 하는 상황에서 그들의 삶을 지원하는 것이 당연한 나의 역할이고 문제가 발생하는 것은 내 역량 탓이라 여겨졌다. 그러나 다른 복지국가에서 1명의 사회복지사가 3명의 발달장애인들의 삶을 지원하는 시스템을 갖추고 있는 것을 보면, 이는 '사회복지사 역량의 문제가 아닌 시스템의 문제다'라는 생각이 드는 것은 어쩌면 당연한 일일 것이다. 물론 지금까지 사회복지 현장은 많은 변화를 거듭하고 있지만 앞으로도 달라져야 할 부분들이 존재한다. 불평등은 사람이 아닌 시스템에 의해 만들어지기도 하기에.

반복되는 실수와 노력해도 보이지 않는 결과에 마음이 바닥을 쳤다. '내가 지금 여기서 무엇을 하고 있는 거지?'라고 스스로에게 끊임없이 물었지만 답을 찾을 수 없었다. 10년, 15년 이상의 경력을 가진 사회복지사 선배들이 그저 대단해 보이기만 했다.

어느 날이었다. 매년 더운 여름이면 나는 에어컨 때문에 감기를 달고 살았다. 그날도 그런 날 중 하루였다. 코는 꽉 막히고 머리는 지끈지끈 아파오는데, 부산에서 유기되어 온 이제 막 5살이 된 윤이가 "엔네네" 옹알이하듯 나를 불렀다. 아이는 내 손바닥을 펴 그 작고 예쁜 손으로 알약 그림을 올려놓고, 급히 냉장고로 향했다. 작지만 빠른 두 발로 걸어 가 냉장고 문을 열고, 컵에 물을 따라 내게 가져다주었다. 그러고는 내 이마에 손을 댔다. 작은 손바닥에서 퍼지는 따뜻한 온기가 마음까지 전해졌다. 윤이를 끌어안으며 "내가 너 때문에 이곳에 있구나!"라고 말했다. 모르는 것도, 배워갈 것도 많은 부족함만 보였던 내 안에 아이를 사랑하는 마음이 가득했다. 그랬다. 나는 아이들을 사랑해서 사회복지사가 되었고 아이들과 사랑을 나누고 싶어서 그곳에 있었다. 사회복지사로 살아갈 이유가 바로 사랑 때문이라는 것을, 그제서야 답을 찾게 되었다.

사회복지 현장을 미화하고 싶은 마음은 없다. 그러나 이 일을 해 나가기 위해 내게는 분명한 이유가 필요했다. 사람에 대한 사랑을 하나의 언어로 정의할 수 없겠지만 나는 분명 그곳에서 아이들을 사랑하는 것이 무엇인지 배워가고 있었다. 시장에 들러 식자재를 사다 달라는 엄마의 요청에 검은 비닐봉지를 들고 다니는 게 싫어 예쁜 쇼핑백을 사서 장을 보고, 청바지의 주름도 거슬려 다려 입던 까칠한 내가 말끔한 청바지보다 식자재를 넣는 쇼핑백보다 더 중요한 게 무엇인지 배워가고 있었다. 보이는 것보다 더 중요한 것이 삶에 존재한다는 사실을 깨닫기 시작했다. 조금씩이지만 나는 성장하고 있었다.

나를 살리고 싶었다

정말이지 안타까운 것은 일어서는 방법을 잊어버린 채 넘어진 나를 그대로 내버려두는 인생이다. 사실 누군가의 회복을 돕고자 하는 의도로 리질리언스 코칭을 시작한 것은 아니다. 그 당시에는 그저 시들어가고 숨을 잃어가는 나 자신에게 다시금 살아 숨 쉬는 방법을, 다시 일어서는 방법을 알려주고 싶었을 뿐이다.

'왜 살아야 할까? 무엇 때문에 살아야 할까?'라는 질문 속에서 답을 발견하지 못한 채 혼란스러운 시간을 보냈다. 부모님의 사업 실패 후 온 가족의 몸과 마음이 아프기 시작했다. 부모님은 화병을 앓으셨고, 동생은 원인을 알 수 없는 통증으로 병원 응급실을 숱하게 찾았다. 더 이상 바늘을 찔러 넣을 곳이 없는 동생의 팔을 보며 내 마음에도 깊은 멍이 들어갔다. 금전보다 마음과 건강을 잃어버린 가족들이 가슴 저리게 안타까웠다. 나는 웃으며 "모든 게 괜찮아질 거야"라며 씩씩한 척, 괜찮은 척하며 가족들을 달랬다. 잃어버린 돈을 찾으면 가족들이 살아날까 싶어 경찰서로, 법원으로 우리 가족에게 피해를 끼친 사람들을 찾아다니기도 했다. 하지만 그 무엇도 내 힘으로는 찾을 수도, 회복할 수도 없음을 알고 절망했다.

불행은 쌍을 이루어 온다고 했던가. 그 무렵 나를 찾아왔던 둘째 아이가 5개월 만에 뱃속에서 하늘나라로 떠나는 일을 경험했다. 아이를 지키지 못한 죄책감은 이미 지칠 대로 지친 나를 더 깊은 수렁으로 밀어넣는 듯했다. 남편과 가족들이 걱정할 것이 염려되어 이불을 덮어쓰고 소리가 새어 나가지 않도록 가슴으로 울었다. 하지만 가면을 쓴 시간이 길어지면 길어질수록 내가 느끼는 감정이 혼란스러웠다. '차라리 감정이라는 것을 느끼지 말자'라며 스스로에게 숱하게 이야기했다. 느끼지 않으면 덜 고통스러울 것 같았기 때문이다. 그렇게 '이지연'이라는 이름으로 살아가는 것이 점차 힘들어지면서 '왜 살아야 할까?'라는 생각이 머릿속을 맴돌았다. 보이지 않는 두려움이 몰려오면 한겨울에도 창문을 닫고서는 잠을 잘 수도, 숨을 쉴 수도 없었다. 복잡한 생각들은 서로 뒤엉켜 어둠의 그림자를 만들어 냈다. 어둠의 그림자는 점점 그 덩치가 커져갔고, 내 영혼을 집어삼키려 드는 것 같았다. 그렇게 잠을 이루지 못한 날들이 지속되었다. 삶의 의욕도 바닥을 드러냈다.

그러던 어느 날이었다. 어두운 밤하늘의 빛이 거실 창으로 슬며시 들어오는 게 보였다. 그 빛은 쌔근쌔근 잠든 딸 아이 얼굴에 자리를 잡았다. 잠든 아이의 얼굴은 그렇게 고요하고 평화로울 수가 없었다. 얼마의 시간이 흘렀는지도 모르게 잔잔한 미소를 지으며 자는 아이의 얼굴을 바라보았다. 그러자 갑자기 나도 모를 눈물이 하염없이 흘렀다. '지연아, 살아내야 하지 않겠니?'라는 음성이 저 깊은 곳에서부터 흘러나왔다. 떠난 아이와 잃어버린 것들에 대한 슬픔이 현실의 삶 가운데 정말 소중한 걸 놓치게 만들고 있다는 걸 알아차린 순간, 살아야겠다는 의지가 살며시 고개를 들며 마음에 아주 작은 씨를 싹 틔웠다.

'이지연으로 사는 것이 힘들다면 이제는 엄마라는 이름으로라도 살아보자, 살아내자.'

코치가 되다

어린 시절에는 막연히 어른이 되고 싶었다. 어른이 되면 모든 것을 알게 되고 어떤 문제든 쉽게 해결하게 될 것이라는 막연한 믿음이 있었던 모양이다. 자연스레 나이를 먹으면 세상이 친절하게 '이렇게 살아라' 하고 길을 알려 줄 것이고 그러면 살 만할 거라 생각했다. 그러나 내 소망과는 달리 세상은 그리 친절하지 않았다. 불친절한 세상에서 혹독하게 넘어지고 나면 상처로부터 나를 지키고 싶은 방어기제가 턱까지 차오르게 된다는 것을 세상에 첫발을 내딛은 20대에 알게 되었다. 상처받고 싶지 않다는 생각이 강해지면 강해질수록 마음에 뿌리를 내린 가시는 『잭과 콩나무』의 콩나무처럼 하늘에 닿을 만큼 자라가고 있었다. 이런 생각들은 나 자신뿐 아니라 다른 사람들과의 관계도 어그러지게 만들었다. 행복해지면 불안했다. 언제고 이 마음이 쉽게 깨어질 듯했고 지금의 행복은 이제 곧 다가올 불행 때문이라는 부정적인 생각들은 안개가 되어 시야를 흐렸다. 그렇게 나는 내 존재를, 삶을 건강한 눈으로 바라보지 못했다.

마음의 피로가 쌓여감과 동시에 사회복지사 일을 한 지 9년 차가 되어가면서 내가 잘 할 수 있는 일에 도전해 보자는 생각을 갖게 되었다. 이런저런 이유로 퇴직을 준비하며 내일을 고민하던 중 평소 멘토로 생각하던 이 실장님의 추천으로 코칭 강좌에 가 보기로 했다. 코칭 강좌는 화요일 저녁 무료로 진행되고 있었다. 즉시 신청하고 참여한 첫날, 강의를 맡은 코치님은 **'고통은 사명이다'**라는 주제로 강연을 진행했다.

강연이 끝나고 그날 내 관점이 확연히 달라지고 있다는 것을 알았다. 깊은 웅덩이 밖으로 나올 사다리가 놓인 것이다. 나는 고통을 상처로, 부정적인 관점으로만 해석했다. 그 해석이 내게 지속적으로 부정적인 영향을 끼치고 있었다. 과거 겪었던, 그리고 앞으로 겪게 될 고통의 앞모습은 상처이고 슬픔이지만 지나간 자리에는 교훈과 지혜가 남겨져 있다. 과거 조인성이라는 배우가 인터뷰에서 이런 이야기를 했다. "세상에 나와 배우라는 직업을 갖게 되었습니다. 그리고 세상이 그리 친절하게 가르쳐 주지 않음을 경험하게 되었습니다. 하지만 불평하기보다는 앞으로 성장을 이루어 나는 다른 누군가에게 친절하게 가르쳐 줄 수 있는 사람이 되어야겠다고 그때 마음을 먹었습니다"라고 말이다.

강좌에 참여한 그날 이후부터 코칭, 상담, 아동인권, 장애인 인식개선, 리더십 등 다양한 영역의 전문 강사 교육을 받기 시작했다. 그리고 다양한 배움의 과정에서 자기관계능력을 형성하도록 도울 수 있는 학문이 코칭이라고 확신을 갖게 되었다. 처음에는 안개가 낀 것처럼 보일 듯 보이지 않던 꿈이 선명해져 갔다. 그리고 그런 노력들은 희망의 끈이 되어 기업 코칭을 하는 회사 팀장 자리에서 좀 더 깊은 성장을 이루게 되었다. 그렇게 코칭을 통해 삶의 목적과 가치, 원하는 미래의 모습을 상상하고 그려 나가면서 한 가지 고민이 있었다.

'사회복지사들을 위한 사회복지사는 없을까?'

가정의 일로 어려움을 겪었던 나는 사회복지 현장에서 필요한 전문성 중 가장 중요한 것은 자기관계능력이라는 것을 깨달았다. 사회복지사들에게도 그 마음을 공감하고 지금의 일을 의미 있게 버티고 넘어서도록 돕는 사람이 필요하다. 여기서 말하는 자기관계능력이란 타인과의 관계가 아닌 나와 관계를 잘 형성하는 능력을 말한다. 사회복지사, 보육교사, 그리고 감정노동을 하는 직업군에 있는 사람들뿐 아니라 모든 사람에게는 자신을 잘 인식하고 스스로와 관계를 맺는 능력이 곧 '넘어서는 힘Grit'이 된다.

그들이 이러한 능력을 형성하도록 도울 수 있는 방법을 고민하면서 나에게는 차별화된 역량의 원Circle 두 가지가 있다는 것을 깨달았다. 바로 사회복지와 코칭이다. 이 두 원이 만나는 교집합에서 '사회복지형 코치'라는 꿈으로 가는 핵심 키워드가 만들어졌다. 사회복지형 코치의 체계를 만들고 전문가를 양성하는 비전은 '회복과 성장'이라는 미션을 위해서다. 나(존재)와의 회복, 너(관계)와의 회복, 그리고 우리(공동체)의 회복을 향해 나아간다. 회복은 완성이 아니라 시작이며 그다음은 성장이다.

'이미 활성화되어 있는 비즈니스 코칭이 아닌 나만이 할 수 있는 일을 해 보자'라는 마음으로 사람들과 다른 생각을 갖기 위해 노력했다. 존재하지 않는 그 길로 가는 문을 만들며 고되기도 했지만 감사하게도 나는 혼자가 아니었다. 또 나는 길이 없는 곳에 길을 내는 깜냥을 갖고 태어났다. 기업 코칭을 하는 회사 팀장 자리를 박차고 나와 무식하지만 용감하게 발로 뛰기 시작했다. 물론 포기하고 싶은 순간들도 있었다. 그러나 포기하자는 마음보다는 '매일 오늘만 살아내자. 오늘만 버텨내보자' 하는 마음의 소리가 더욱 커져 있었다. 포기하지 않고 그렇게 오늘만 살아내자던 내가 그리던 미래들은 조금씩 현실이 되어 갔다. 혼자 걷던 그 길을 이제는 가치를 공유한 사람들과 함께 걷고 있다. 그리고 지금도 여전히 나는 가까운 내일을 그리고 있다.

사회복지사들의 회복과 성장을 돕는 코칭으로 시작해 지금은 보육교사, 노숙인자활센터 회원, 산후조리원의 산모들, 부모, 부부, 한부모 가정, 다문화 가정, 그룹홈 청소년, 보호종료아동, 장애인, 재취업 여성, 시니어 등 다양한 현장에서 리질리언스 코칭을 진행하고 있다.

리질리언스 코칭 첫 번째 파트에서는 코칭의 기본적인 이해를 돕기 위해 코칭이 무엇인지에 대해 소개한다. 두 번째 파트에서는 리질리언스 코칭의 의미와 활용되는 개념과 기술, 세 번째 파트에서는 코칭 현장에서 사용하는 기법에 대해 소개한다. 마지막 에필로그에서는 사회복지형 코치로 활동 중인 코치들의 이야기를 전한다.

이 책이 나와 같이 아픈 과거를 재해석하고 회복하기를 원하는 사람들과 다른 누군가에게 기여하는 성장된 삶을 살고자 하는 사람들 모두에게 격려와 능력이 되기를 바란다.

Resilience Coaching

Content

코칭의 이해

R

코칭,
내 안의 가능성을 경험하는 일

....

"코칭은 성과 향상과 효과적인 행동, 목표 성취,
개인적 만족도 증대를 위한 학습과 개발의 촉진제이다.
관점 면에서든, 태도나 행동 면에서든, 코칭에는 항상 성장과 변화가 따른다."
– 피터 블러커트(코칭 전문가)

국제코치연맹ICF에서는 코칭을 가리켜 코치가 코칭을 받는 사람에게 직업적, 또는 개인적인 성과를 향상시키고 삶의 질을 높이는 데 도움을 주는 지속적인 파트너십이라고 정의하고 있으며, 한국코치협회KCA에서는 개인과 조직이 잠재력을 극대화하여 최상의 가치를 실현할 수 있도록 돕는 수평적 파트너십이라고 한다.

국제코치연맹과 한국코치협회에서 코칭을 이같이 정의하고 있지만 코치로 훈련받는 사람들은 저마다 코치로서의 정체성을 정립하는 것이 중요하다. 왜냐하면 코치인 본인이 정립한 정체성이 앞으로의 코칭 방향과 과정, 그리고 결과에 지대한 영향을 끼치기 때문이다.

코칭은 원하는 내일을 구체적으로 상상하게 하고, 무한한 가능성을 지닌 자신을 경험하게 한다. 동시에 긍정적인 자기 이해를 통해 자신과 매일 건강하게 관계를 회복하는 연습을 하도록 한다. 이런 연습은 결국 다른 사람 혹은 세상과의 관계까지 회복하도록 돕는다.

코칭의 시작, 토마스 레너드와 티머시 골웨이

현대 코칭의 시작은 어떠했을까? 코칭의 시작을 이야기하기 위해서는 두 명의 인물을 언급해야 한다. 첫 번째 인물은 토마스 레너드Thomas J. Leonard이다. 재무 설계가였던 그는 기업의 재무 설계를 하던 중 CEO들에게 공통점이 있다는 것을 발견했다. 그들은 내일에 대한 성장과 원하는 목표를 이루기 위한 방법을 깊이 고민하고 있었다. 그들을 돕고자 했던 의도가 계기가 되어 토마스 레너드는 1980년대 코칭 운동을 일으켰고, 1992년 코치 유니버시티Coach University를 설립했다. 이후 38개국에서 7천여 명의 코치를 양성하여 코칭의 전문화에 기여했다. 또한 국제코치연맹International Coach Federation과 국제코치협회International Association of Coaches를 설립하여 코칭의 발전에 큰 영향력을 끼쳤다.

또 다른 인물은 바로 하버드대학교 교육학자이자 테니스 전문가인 티머시 골웨이Timothy Gallwey다. 1974년 『테니스의 이너게임The Inner Game of Tennis』이라는 저서를 통해 간단하지만 포괄적인 코칭 방법을 보여 준 최초의 코치로 불리고 있다. 골웨이는 코치가 선수들이 성과를 내는 데 방해가 되는 심리적 요소들을 제거하는 데 도움을 준다면 코치로 부터 별다른 기술지원을 받지 않아도 잠재하고 있던 학습능력과 경기수 행능력이 발휘될 것이라고 주장했다. 그의 이야기는 기존의 패러다임을 흔드는 것이었기에 처음에는 인정받지 못하는 듯했다. 그러나 테니스뿐 아니라 다른 영역의 스포츠에서도 긍정적인 성과가 나타나면서 비즈니 스 현장에까지 적용되기 시작했다. 최초로 '성과 향상을 위한 코칭'이라 는 이름으로 기업 현장에 활용되며, 기업 코칭 활성화에 핵심적인 역할 을 했다. 골웨이는 코칭의 본질을 잘 이해하고 있었다. "코칭은 성과를 극대화하기 위해 개인의 잠재능력을 깨워 주는 것으로, 가르치기보다는 스스로 배우도록 돕는 것이다"라고 했다. 이 관점은 긍정심리학 모델이 나타난 시기와 유사하며 그 개념은 코칭과도 밀접하게 연관되어 있다. 오늘날 기업 코칭의 주창자들이라 불리는 사람들은 이 교육과정을 거쳤 고, 골웨이 코칭스쿨로부터 지대한 영향을 받았다고 할 수 있다.

마차에서 유래한 '코칭'의 어원

그렇다면 코칭이라는 용어는 어디에서 유래했을까? 1500년대 헝가리 의 도시 코치Kocs에서 만들어진 네 마리의 말이 끄는 마차에서 유래했다 고 한다. 당시 유럽 전역으로 퍼진 마차는 도시의 이름을 따 코찌Kocsi 또는 코트지Kotdzi라는 명칭으로 불렸고, 영국에서는 코치Coach로 불렸 다. 교통수단으로서의 코치가 지도자라는 의미를 포함하게 된 것은 영국에서 시작됐다. 영국 옥스퍼드대학교 학생들이 시험에 통과하기 위해 개인교사Tutor를 붙이는 것을 속어로 코치라고 부른 것이다. 오늘날 현재 상태에서 원하는 상태로 갈 수 있도록 돕는 파트너라는 뜻으로 통용되고 있다.

코칭의 흐름

1840년	영국 대학에서 학생의 수험지도를 하는 개인교사를 '코치'라고 부르기 시작
1880년	스포츠 분야에 코치라는 용어가 사용되기 시작함
1950년	경영 분야에 '코치'라는 용어가 등장
1980년	• 미국의 기업들이 코칭을 도입하기 시작하면서 전문적인 코칭 비즈니스가 탄생 • 코칭에 관한 출판물 등장
1992년	• 토마스 레너드: 코치를 육성하는 기관인 코치 대학을 설립 • 로라 휘트워스&헨리 킴지하우스: 코치 훈련원을 설립하여 코치 육성 프로그램 제공
1996년	• 국제코치연맹(ICF) 창설 • 코치양성과 코칭 서비스 보급을 위한 다채로운 활동 전개
2000년	코칭의 국내 도입
2003년	한국코치협회(KCA) 설립

코칭에 담긴 변화와 성장의 철학

이 시대는 스스로 문제를 해결하는 능력을 지닌 자주적 인재를 원한다. 시대의 흐름과 변화에 따라 요구하는 인재상도 달라진다. 코칭은 사람의 변화와 성장에 초점을 둔 실용학문이다. 나는 개인적으로 '모든 사람은 리더로 태어난다'는 말에 적극 동의하고 믿는 사람 중 하나다. 우리 모두는 적어도 자신의 삶을 주체적으로 이끌어 가는 리더십이 필요하다.

코칭은 사람 내면의 잠재력을 믿고, 질문을 통해 스스로 답을 찾고 성찰하는 능력을 키워 나가게 한다. 또 원하는 삶의 모습을 그리고 실천하게 한다. 이런 과정에 동행하는 사람이 바로 코치다. 따라서 코치는 피코치(고객)에게 답과 충고와 조언이 아닌 스스로 답을 찾을 수 있는 존재임을 신뢰하며 '사람은 스스로 답을 창의할 수 있는 존재이다 Naturally creative resourceful and whole'라는 철학을 실천해야 한다. 이런 코칭의 철학은 이 시대가 원하는 자주적 인재를 양성하는 핵심 가치다.

"사람은 스스로 답을 창의할 수 있는 존재이다."

* Creative 사람은 신의 창조성을 닮은 창의력이 존재한다.
* Resourceful 사람은 스스로 답을 찾을 수 있는 충분한 지략이 있다.
* Whole 지도는 영토가 아니다. 지도에 보이는 모습이 실제 영토와 다르듯 사람은 외면만으로 판단하기 어렵다. 보이는 것이 다가 아니며 본디 사람은 온전함을 추구한다.

사람을 움직이는 요소는 다양하다. 우리는 그 움직임을 '변화'라고 부른다. 사람이라는 존재는 동기에 따라 자발적인 변화를 이끌어 낼 수 있다. 1940년대 미국의 심리학자 에이브러햄 매슬로Abraham Harold Maslow는 병리학적 접근으로 인간 본성을 이해하는 전통적인 연구 방법을 거부했다. 매슬로는 당근과 채찍으로 동기를 부여하는 행동주의 방식에서 벗어나 새롭게 등장한 낙관주의 심리학의 선구자이다. 코칭을 삶에 실천하고자 하는 사람들에게 심리적 낙관주의는 필수요소가 된다.

매슬로는, 인간행동은 각자의 필요와 욕구에 바탕을 둔 동기Motive에 의해 유발된다고 주장했다. 이러한 인간의 동기에는 질서가 있어서 각 욕구는 하위 단계의 욕구들이 어느 정도 충족되어야 비로소 상위 단계의 욕구로 나아갈 수 있다. 존 휘트모어Sir John Whitmore는 자신의 저서인 『코칭 리더십』에서 코칭과 매슬로의 욕구 단계를 다음과 같이 이해했다.

매슬로의 욕구 단계

자아실현 욕구

자기존중욕구 = **자기 신뢰**

존중받고자 하는 욕구 = **지위와 인정**

소속되고자 하는 욕구

주거와 안전에 대한 욕구

음식과 물에 대한 욕구

지위와 인정 욕구	• 오늘날 리더들이 머무는 단계
	• 지위와 권위의 단계에서 벗어나 자기존중욕구 단계로 나아가야 성장 가능
자기존중 욕구	• 코칭의 기초가 되는 요소로 고성과(원하는 결과, 미래)의 전제조건
	• 자신에게 더 높은 기준을 요구하고, 다른 사람이 자신을 어떻게 보느냐 보다 자신이 세운 자기평가 기준에 의존
	• 자기 신뢰를 수반한 만족감은 진정성을 가질 때만이 경험
자아실현 욕구	• '자아가 실현된 단계'가 아닌 '자아를 실현하는 단계'
	• 삶의 의미와 목적을 찾고자 하는 욕구가 존재
	• 자신의 일, 활동, 존재가 가치를 지니고 다른 사람들에게 기여하기를 원함

밀레니얼 세대라 불리는 오늘날의 젊은 사람들은 일의 의미와 가치를 중요하게 여긴다. 욕구 단계에 따라 이야기하면 자기 신뢰와 자아실현에 대한 욕구가 강하다. 몇 해 전부터 『90년대 생이 온다』라는 도서가 필독서가 된 이유도 시대적인 변화를 읽는 지혜가 필요하기 때문일 것이다. 변화의 주체는 사람이며, 사람에 대한 이해가 바로 지혜다. 존 휘트모어는 다른 사람들로부터의 존중을 '지위와 인정'으로, 자기존중은 '자기 신뢰'로 구분했다. 자기 신뢰는 선택할 권한이 자신에게 부여됨으로써 잠재능력을 발휘할 기회가 주어지는 것이다. 밀레니얼 세대는 명령하고 통제하는 기존의 리더십에서 개인의 잠재력에 집중하는 새로운 리더십을 요청하고 있다. 자신의 잠재력을 신뢰하고, 스스로 질문의 답을 찾아 슈퍼맨, 슈퍼우먼이 되는 경험을 하는 코칭은 이런 시대적 요청에 성숙한 답이 될 것이다.

다른 사람들로부터의 존중 ➡ 지위와 인정

자기존중 ➡ 자기 신뢰

리질리언스 코칭의 이해

R

다시
일어서게 하는 힘

....

"얘야, 내가 너를 사랑하는 것은
네가 어떤 일을 했거나
혹은 어떤 일을 하지 않았기 때문이 아니다.
바로 '너'이기 때문이란다."
– 파스칼(철학자)

리질리언스Resilience는 '회복력' 혹은 '회복탄력성'이라는 의미로, '뛰어서 되돌아가다To Jump Back'라는 뜻의 라틴어 리실리오Resilio에 기원을 두고 있다. 그러나 여기서 이야기하려는 리질리언스 코칭이 단순히 회복만을 의미하는 것은 아니다. 역경이나 시련을 감당할 줄 알고, 회복을 성장의 밑거름으로 보는 '다시 일어서는 힘'을 의미한다. 사람들은 누구나 살아가면서 넘어지는 경험을 한다. 리질리언스 코칭은 넘어졌던 나를 다시 일으켜 세우고 스스로가 만들어 낸 생각의 한계를 뛰어넘어 가능성이 가득한 삶을 경험할 수 있도록 돕는다.

리질리언스 = 회복탄력성 = 다시 일어서는 힘

1954년 미국의 소아과 의사, 정신과 의사, 사회복지사, 심리학자에 이르기까지 다양한 학문적 관심을 가진 학자들이 절망의 섬이라 불리는 카우아이에 도착했다. 섬 주민의 대부분은 대대로 가난에 시달리며 알코올 중독, 정신질환 등의 질병을 앓고 있거나 범죄자들이었다. 연구자들은 1955년에 태어난 모든 신생아 833명을 대상으로 이들이 성인이 될 때까지 추적 조사하는 대규모 연구 프로젝트에 착수했다. 이 섬의 아이들이 연구 대상으로 선정된 이유는 사람이 태어나 겪을 수 있는 환경적 역경이 모두 모여 있는 곳이기 때문이었다. 아이들이 30세가 넘는 성인이 되기까지 연구는 계속되었으며, 90%에 가까운 대상이 끝까지 남았다. 이 연구의 주도적인 역할을 담당했던 심리학자 에미 워너는 어린 시절 겪었던 특정한 어려움이 훗날 어떤 문제를 일으킬 수 있는지에 집중했다. 그는 이 실험에서 가장 열악한 환경에서 자란 고위험군 201명을 추려 성장 과정에 대한 자료를 분석했다.

그런데 여기서 예기치 않은 결과를 마주하게 된다. 바로 3분의 1가량에 해당하는 72명의 아이들이 별다른 문제를 일으키지 않았을 뿐 아니라 긍정적이고 자신감이 넘치는 젊은이들로 성장한 것이다. 워너 교수는 이 아이들에게 공통점이 하나 있다는 것을 발견했다. 아이의 입장을 무조건적으로 이해해 주고 믿어 주는 어른이 적어도 그 아이의 인생 중에 한 명은 있었던 것이다. 사람의 성장에는 많은 사람의 영향이 있을 것이다. 그러나 어려운 환경과 역경에도 온전한 관심과 사랑을 주는 단 한 명의 사람이 있다면 인생은 달라질 수 있다.

그런 면에서 카우아이 섬 연구는 한 사람으로 인해 다른 한 사람이 인생의 주인으로 일어서서 담대하게 걸어 나갈 용기를 발휘할 수 있다는 사실을 보여 준 의미 있는 연구였다고 생각한다. 스스로를 온전히 사랑하는 사람으로, 그리고 한 걸음 더 나아가 다른 누군가를 온전히 사랑하는 사람으로 살아간다면 적어도 내가 살아가는 가까운 세상만큼은 다시 일어서도 괜찮은 안전하고 온기 가득한 공간이 되지 않을까? 사람을 다시 일어서게 하는 것 또한 '**사람**'이다.

생각의 변화를 담는 새 그릇

건물 어느 곳에 창을 내더라도 그 창만큼의 세상을 보게 되듯이, 우리도 프레임이라는 마음의 창을 통해서 보게 되는 세상만을 볼 뿐이다. 우리는 세상을 있는 그대로 객관적으로 보고 있다고 생각하지만, 사실은 프레임을 통해서 채색되고 왜곡된 세상을 경험하고 있는 것이다. 프레임으로 인한 이러한 마음의 한계를 자각한다는 것은 역설적으로 그 한계 밖에 존재하는 새로운 곳으로의 적극적인 진군을 의미한다.

한계의 인정은 지혜이다.

   – 최인철 교수의 『프레임』 중에서

사람들에게는 저마다 사고방식과 신념체계가 존재한다. 이 둘은 우리가 인생을 살아가는 데 중요한 내면의 가치이자 중심이 되어 준다. 그런데 문제는 외부 환경으로부터 유입된 정보로 만들어진 생각과 감정이 별다른 변별 과정을 거치지 않은 채 우리의 사고방식과 신념체계로 자리 잡게 될 때다. 이 경우 반대되는 정보는 무시하거나 받아들이기를 거부하게 된다. 즉 스스로가 합리적이라고 생각하며 성급한 일반화의 오류나 왜곡된 판단을 하게 되는 것이다. 이처럼 자기 생각과 일치하는 정보만 받아들이는 심리를 두고 영국의 심리학자 피터 웨이슨은 확증 편향이라고 정의했다.

한번 형성된 사고방식과 신념체계에 변화를 일으키는 건 어렵지만 그래도 불가능한 것은 아니다. '심은 대로 거둔다'는 인과법칙은 신경계에도 적용된다. 이를 신경가소성이라고 하는데, 어떤 생각이나 행동을 하면 그 결과가 신경회로의 영구적인 변화로 나타나서 성격과 행동을 변화시킨다는 이론이다. 새로운 생각이 신경회로를 반복적으로 자극하면 기존의 생각이 약화되고 새로운 생각이 자리를 잡게 된다. 관점의 재정립이 이루어지는 것이다.

주저앉은 자리에서, 넘어진 자리에서 다시 일어서기 위해서는 삶과 나, 경험에 대한 관점의 재정립이 중요하다. 무엇을 경험하느냐가 중요한 것이 아니라 경험한 것을 어떻게 해석하고 있느냐가 중요한 것이다. 똑같은 상황을 경험하더라도 저마다 해석이 다른 이유가 이 때문이다. 우리의 신념, 믿음은 경험한 상황을 어떻게 생각의 그릇에 담느냐에 따라 결정된다. 새 포도주는 새 부대에 담아야 한다. 새로운 생각을 담기 위한 그릇 교체 작업이 바로 '관점 재정립'이다. 경험을 어떻게 받아들이고 있는지 점검이 필요하다.

자신의 생각을 관찰하고 점검하는 시간은 숨을 고르고 건강하게 쉬게 하는 쉼표의 시간이다. 요즘 들어 나는 쉼표의 역할에 관심이 많다. 이전의 나는 생각지도 않던 부분이다. 목표를 정하면 그 목표를 이루기 위해 달려갈 줄만 알았다. 그러면 행복할 줄 알았던 것이다. 세 아이의 엄마로, 아내로, 딸로, 며느리로, 일하는 여성으로, 수많은 역할을 감당하며 숨 가쁘게 달려오던 어느 날 정말 숨을 쉬기 힘든 상황에 맞닥뜨렸다. 내 숨이 심각하게 의식되는 이런 현상을 '공황장애'라고 한다. 물론 다양한 모습으로 증상이 나타나지만 내게 나타난 증상은 무의식적으로 쉬던 숨을 쉬기가 힘들다는 것이었다.

처음 상담소를 찾아가 진단받았을 때 공황장애는 내게 좌절과 실패, 무너진 존재에 대한 결과로 해석되었다. 그런데 공황장애로 불가피한 쉼을 갖게 되면서 쉼표에 대한 나의 해석이 달라지기 시작했다.

지금 이 글의 문장 안에도, 그리고 음악 안에도 공통적으로 쉼표가 존재한다. 그런데 이 쉼표는 단절을 의미하는 것이 아니다. 침묵처럼 느껴질 수 있지만 때로는 쉼표가 문장과 음표보다 더 강력한 역할을 하기 때문이다. 과실나무가 열매를 맺는 과정에도 쉼이 필요하다고 한다. 과실나무는 농부의 가지치기를 통해 쉼을 누린다. 가지를 치는 순간에는 제 팔이 잘려나가는 아픔이 있겠지만 그렇게 해야 햇빛을 잘 받고 공기가 잘 통해 병충해를 막을 수 있다. 사람도 쉼의 공간이 없으면 숨이 끊어지고 못된 균(부정적인 생각, 신체적 질병 등)에 해를 입기도 한다. 내가 쉼의 공간에서 많은 사람과 함께하고 싶은 것은 바로 관점의 점검과 가지치기, 관점의 재정립이다. 내가 이 책을 통해 공황장애에 대해 이야기할 수 있는 것도 더 이상 공황장애는 내게 좌절도, 실패도, 내 존재가 무너진 것도 아닌 게 되었기 때문이다.

심리학과 사회과학 분야에서는 프레임을 '세상을 보는 틀'이라는 의미로 사용한다. 어떤 문제를 바라보는 관점, 세상을 관조하는 사고방식, 세상에 대한 비유, 사람들에 대한 고정관념 등이 모두 여기에 속한다.

우리가 두려워해야 할 것은 갇혀 버린 혹은 굳어져 버린 생각, 관점이다. 관점이 지나치게 자기중심적일 경우 '나는 다른 사람들을 잘 알고 있다'고 생각하는 반면 '다른 사람들은 나를 잘 모른다'는 오류에 갇히게 된다. 타인에 대해서는 날선 비판을 하는 재판관으로, 자신에 대해서는 연민으로 뒤덮인 과도한 피해의식과 내가 이런 선택을 하는 데는 모두 상대방 때문이라는 자기 합리화에 빠지게 된다.

영향력 있는 코치의 역량 중 하나는 충·조·평·판(충고, 조언, 평가, 판단)하지 않는 것이다. 자기중심적 관점이 강한 경우 내 생각과 지식 등이 절대적으로 옳다는 신념을 갖게 된다. 그래서 타인에게 쉽게 답을 주고 조언하며 평가하고 판단한다. 이런 태도는 상대방의 내면의 의도를 관찰하고 이해하는 데 방해가 된다. 또 실제로 코칭 진행 시 답이 피코치(고객) 혹은 대화의 상대에게 있다고 믿지 않기 때문에 코칭의 핵심인 질문의 놀라운 능력을 경험할 수 없게 된다.

최근 즐겨 보는 『신박한 정리』라는 TV프로그램이 있다. 이 프로그램의 목적은 의뢰인의 집을 신박하게 정리 정돈하는 것이다. 의뢰인들의 집안 풍경을 보면 어느 방이든 짐이 가득 들어 차 있어 집 안에 사람이 아닌 짐이 살고 있는 것처럼 느껴지기도 한다. 우리의 삶의 모습과 집안 풍경이 닮아 있기도 하다. 내 존재의 공간 안에 내가 아닌 엉켜 있는 생각더미를 짐스럽게 이고 살고 있으니 말이다. 우리는 꿈을 이루면 행복해지리라는 신념으로 앞만 보고 달린다. 그러나 행복은 5년 혹은 10년 뒤에 이룰 내 꿈에 있기만 한 것이 아니다. 오늘을 살아 내는 삶의 현장에, 그리고 나와 다른 사람들의 관계 속에도 존재한다.

신박하게 공간을 정리하기 위해서 가장 먼저 해야 할 일은 비울 것과 남길 것을 나누는 작업이다. 비워 내야 공간이 생기고, 공간이 생겨야 정리가 된다. 나는 코칭 교육을 진행할 때 예비 코치들에게 무엇을 남기고, 무엇을 비우고 싶은지 묻는다. 남기고 싶은 것에 대해서는 다양한 이야기가 나오지만 비우고 싶은 것에 대해서는 공통적으로 등장하는 것이 있다. 바로 '세상의 기준과 다른 사람의 시선'이다. 있는 모습 그대로의 나로 살고 싶은 욕구의 반증이다. 우리가 가지고 있는 관점도 비워야 할 것과 남겨야 할 것을 선택해야 한다. 코칭에서 충·조·평·판은 회복을 목적으로 활동하는 우리들이 가장 먼저 비워야 할 관점이자 태도다.

아우슈비츠 수용소에서 죽음의 목전까지 다다르면서 삶의 의미가 얼마나 중요한지를 깨닫게 된 정신과의사 빅터 프랭클Viktor Frankl은 이렇게 말했다. "한 인간에게서 모든 것을 빼앗아 갈 수는 있지만 단 한 가지, 자유는 빼앗아 갈 수 없다. 바로 어떤 상황에 놓이더라도 삶에 대한 태도만큼은 자신이 선택할 수 있는 자유이다." 삶의 환경과 상황은 내

뜻대로 주어지지 않지만, 환경과 상황에 대한 반응은 절대적으로 나의 선택이다. 반응은 프레임(관점)에 의해 결정된다. 삶의 의미를 우리의 내면에서 찾고자 할 때, 우리는 두려움, 염려, 걱정과 같은 현실의 장애에 압도당하지 않게 된다.

우리는 의미를 추구하는 삶을 통해 보다 나은 인생의 방향을 결정할 수 있다. 보는 것과 아는 것은 같지 않으며, 보았다고 해도 우리가 모두 다 아는 것은 아니다. 자신의 한계(프레임의 한계)를 알고 인정하는 지혜는 배움에 겸손을 갖게 하며, 배움을 통한 성찰은 지혜롭게 성장한 프레임을 갖게 한다.

나를 이해하는 것이
세계를 이해하는 것이다

리질리언스 코칭의 시작이자 전부라고 해도 과언이 아닌 것이 바로 자기이해다. 독일은 '**나를 이해하는 것이 세계를 이해하는 것이다**'라는 철학을 바탕으로 교육한다. 코칭도 이러한 철학을 수용하고 시작할 필요가 있다.

자기이해는 내가 나를 어떻게 바라보고 있는지, 바로 관점에 대한 이야기라고 할 수 있다. 스스로를 어떻게 이해하느냐에 따라 바람직한 존재의 상이 세워지기도 하고 일그러진 상이 되어 불행의 근원이 되기도 한다. 『톰 소여의 모험』을 집필한 동화 작가 마크 트웨인은 "자신의 진가를 깨닫지 못한 사람은 평온을 얻지 못한다"고 했다. 스스로를 건강하게 인식하는 관점을 회복하기 위해서는 과거와 먼저 마주하는 용기가 필요하다. 그런데 우리는 종종 과거의 나를 무의식적으로 원하지 않는 방향으로 해석하고 이해한다.

과거의 실패와 나를 향한 세상의 판단에 매몰되면 그 현상에서 벗어나기도, 내면의 평온을 누리는 것도 어렵게 된다. 우리는 과거에서 배우고 회복되어 성장해야 한다. 어린 시절의 왕따 경험이나 부모님과의 갈등, 직장 생활에서 겪는 관계의 갈등 등 고통과 좌절의 경험은 두 가지의 방향성을 보인다. 하나는 모든 잘못이 나에게 있다는 자책이며 다른 하나는 모든 문제가 너로 인해서라는 남 탓이다. 두 가지의 방향성 모두 어떤 일에 도전하기보다 실패에 대한 두려움으로 뒷걸음질을 치게 한다. 다른 사람들과의 관계에 있어서도 의심과 불안으로 선을 긋고 그 이상은 넘어오지 말라는 무언의 경계를 보낸다. 갈등 상황이 생기면 가장 쉽고도 빈번하게 선택할 수 있는 방법은 회피다. 문제를 해결할 능력이 자신에게 없다는 생각과 그 사실을 숨기고 싶은 생각에 문제를 직면하지 않고 도망치게 된다. 성장 없는 머무름이 안정된 환경이라며 스스로 합리화하기도 한다.

마찬가지로 나에게도 유리처럼 깨지기 쉬운 내면 상태를 누구에게도 들키고 싶지 않았던 때가 있었다. 그런 내게 변화의 계기는 선물처럼 찾아왔다. 자기 관찰을 통해 내가 정말 원하는 건강하고 바른 자기이해(정체성)를 회복하는 일이 얼마든지 가능하다는 사실을 경험한 것이다.

지금도 여전히 나는 매일 변화를 소망하며 어제보다 오늘 조금씩 더 나아지기 위한 노력을 하고 있다. 포기하지만 않는다면 우리는 얼마든지 변화할 수 있다. 자기를 이해하는 방식을 바꾸면 과거의 상처와 아픔에도 우리는 내일을 그리며 앞으로 나아갈 수 있다. 내가 나를 어떻게 해석하느냐에 따라 인생의 방향이 달라진다. 삶의 문제가 모두 내 탓이라 여기던 나도 내 탓을 멈추고 스스로에게 따뜻한 위로를 건넬 줄 아는 사람이 되어가면서 나 자신이 조금씩 좋아지기 시작했다. '힘들고 어려웠지? 나는 누구보다 네 마음을 잘 알아. 두렵고 무서웠지? 괜찮아. 그럴 수 있어. 외롭다고 울고 있었어? 울고 싶을 땐 울어도 괜찮아. 그리고 잊지 마. 너에게는 내가 있잖아. 문제가 있다는 건 해결점이 있다는 거니까 스스로를 믿고 하나씩 해결해 나가자.' 자기 신뢰로 가는 여정에 이런 말을 스스로에게 건네 보면 어떨까?

우리는 세상이 말하는 기준에 따라 내가 무엇을 해냈는지에 초점을 둘 때가 많다. 그렇다면 세상의 요구와 다른 사람들의 시선에 내 존재의 이유를 의탁하고 있지는 않은지 돌이켜 보아야 한다. 존재의 이유를 존재 밖에 두면 그 기준을 따르느라 언젠가는 지치고 탈진하게 된다. 기준에 길들여져 세상과 사람들에게 인정받는 내가 되기 위해 쳇바퀴를 돌리는 굴레에 사는 것은 안 될 일이다. 무엇을 해냈는지에 초점을 맞추면 우리는 스스로를 조건부적으로 사랑하게 된다. 목표한 일을 해냈으면 괜찮은 나, 실패했으면 그렇지 않은 나.

무엇을 해냈는가보다 더 중요한 사실이 있다. 우리는 존재 자체로 소중하고 귀한 존재들이라는 것이다. **"지금 여러분이 믿고 있는 나는 정말 나인가?"** 이 질문에 좀 더 진지한 태도로 접근하며 내면의 소리를 들어보기 바란다. 물론 완벽을 요구하고 실수를 너그러이 수용하지 않는 세상에 살기에, 있는 그대로의 나를 이해하는 일은 쉽지 않다. 세상 전부는 아닐지라도 적어도 내가 사는 이 삶 안에서는 '완벽하지 않아도 괜찮아, 실수해도 괜찮아'라는 마음의 태도를 다른 이들과 공유하며 살기를 소망한다. 나는 세 자녀에게 이런 가치관을 가정 안에서 경험하도록 하고 있다. 아이들이 서툴러 실수할 때도 "실수해도 괜찮아, 다음에는 어떻게 해볼까?"라고 이야기한다. 언제부터인지 아이들은 나의 실수에도 "엄마, 실수해도 괜찮아요. 그럴 수도 있지요"라며 따스한 말을 건넨다. 그런데 이보다 더 감동적인 순간이 있다. 언니, 오빠가 된 두 아이가 막

내 동생이 실수를 할 때 "실수해도 괜찮아. 언니가, 오빠가 도와줄게"라고 이야기하고 동생을 토닥일 때다. 우리는 실수해도 괜찮고, 실수해도 도움을 받을 수 있으며, 실수를 통해 배우며 성장하는 존재들이다.

모든 사람이 가고 싶어 하는 세상이 있다. 매우 가까이 있어 보이다가도 멀어지는 그런 세상이다. 이 세상에서는 완벽해질 필요도, 지금보다나은 사람이 될 필요도 없다. 이 세상에서 당신은 원래부터 소중하다. 무엇을 이루어내야만 소중해지는 그런 세상이 아니다. 사람들은 믿음직하고 친절하고 진솔하다. 무엇을 해냈는가로 평가받지 않고, 자신의모습 그대로 받아들여진다.

'넌 이래야만 해'라는 기대가 존재하지 않는다. 사랑, 평화, 기쁨이 주위에 흘러넘친다. '그 정도면 충분한 세상Land of Good Enough'이다.

– 2017년 4월 『피플People』에 수록된 오프라 윈프리의 인터뷰 중에서

우리에게는 존재 그대로를 수용하고 조건 없이 사랑하는 아가페적 자기이해가 필요하다. 자기 신뢰는 자기이해능력의 중요한 요소 중 하나이다. 매슬로는 동기이론에서 본인 스스로를 존중하는 신뢰감을 자기 신뢰라고 정의한다. 성경의 창세기에는 사람은 신의 형상대로 지음을 받았다고 설명하고 있다. 성경에 등장하는 많은 인물이 저마다 실수와 실패를경험한다. 어떤 경우는 시기와 질투로 배신을 당하고 고통스러운 삶을살아간다. 그렇지만 환경적으로 가난하고, 스스로를 부정적으로 생각하

는 연약하고 부족한 사람들도 신의 선택을 받고, 성장을 이루고 이전보다 더 나은 회복된 삶을 살아간다. 자기 신뢰는 일그러진 내 존재에 대한 이미지를 새롭게 그리고, 어두웠던 내 안에 희망의 빛을 드리운다.

어제까지 나를 신뢰하지 못하고 있었다 하더라도 회복된 삶을 이루고자 하는 희망의 씨앗을 마음 밭에 뿌리기를 원한다면 달라질 수 있다. 우리는 무엇을 듣고 보아야 할지 지혜롭게 선택해야 한다. 세상의 평가에, 환경에 나를 맡기지 않아야 한다. 회복이 간절했던 시기에 나는 스스로를 신뢰하도록 돕는 강의 영상과 책들을 구입해 듣고, 보고, 적곤 했다. 그러면서 나의 아픔과 상처가 누군가의 아픔과 상처에 눈 맞추고 위로하는 능력이 될 수 있다는 것을 깨닫게 되었다. 또 상대의 회복을 기다릴 줄 아는 인내가 얼마나 값진 과정인지도 알게 되었다.

고아로 자라며 어려운 환경에 있었던 루스벨트 대통령의 영부인 엘리너 루스벨트Eleanor Roosevelt는 "우리가 허락하지 않는 한 누구도 우리에게 열등감을 심어줄 수 없다"고 말했다. 자기긍정의 반대말은 열등감이다. 다른 이와 나를 견주어 상대적 박탈감을 구태여 경험할 필요는 없지 않은가? 열등감은 우리가 허락하지 않으면 우리 안에 들어올 수 없다. 용기를 내어 스스로를 긍정적으로 인식하는 노력과 연습이 필요하다. 우리의 뇌는 변화를 좋아하지 않아 무의식적으로 습관에 머물려 한다. 그러므로 나를 긍정적으로 의식화하는 작업을 통해 사고의 방향을 전환해야 한다.

자기긍정인식이란 무조건적으로 스스로를 좋게 바라보라는 것이 아니다. 인식하게 된 강점과 가능성을 인정하고 개선이 필요한 점(약점)과 한계를 있는 그대로 받아들이며 존재로서 그런 나를 괜찮다고 수용하는 것이다. 완벽한 나를 꿈꾸라는 것이 아니라 완벽하지 않아도 괜찮은 나를 따뜻하게 안아 주자는 것이 리질리언스 코칭에서 말하는 자기이해이다. 이렇게 정립된 자아상은 나를 만나는 다른 사람에게도 밝고 좋은 기운이 되어 긍정적인 영향을 끼치게 된다.

우리는 나와의 관계에 관심을 갖고 나와 자주 만나야 한다. 바쁘게 살아가는 우리네의 삶은 가장 중요한 내면의 나보다 외면의 나를 중요하다고 한다. 다른 사람들에게 보이는 겉사람도 중요하겠지만 속사람의 나를 더욱 소중하게 여길 때 풍부한 내적 상태를 경험하게 된다. 지금은 이루어야 할 목표가 있고 감당해야 할 삶의 무게가 있으니 그저 앞만 보고 가라고 이야기하고 있지는 않은가. 아무리 바빠도, 오늘 해야 할 일이 산더미여도 잘 데리고 가야 한다. 아무리 힘들어도 함께 가야 한다. 바로 나 자신과 말이다.

자기이해와 타인이해

하워드 가드너는 다중지능이론Multiple Intelligence Theory을 체계화하여 1983년 그의 저서 『마음의 틀Frames of Mind』에서 이 모델을 소개했다. 다중지능이론은 인간의 지능이 단일하지 않고 별개의 영역별로 구분된다고 본다. 이 이론에 따르면 인간의 지능은 서로 독립적으로 존재하는 여덟 개의 하위 요소로 구성되어 있다.

하워드 가드너의 다중지능이론

- **언어지능** 글을 쓰고 말을 하는 능력
- **논리&수학지능** 논리적 기호나 숫자를 이해하고 다루는 능력
- **시각&공간지능** 입체적 공간 인지 능력
- **음악지능** 리듬, 멜로디, 화음 등을 인지하고 사용할 수 있는 능력
- **신체&운동지능** 몸의 움직임을 조정할 수 있는 능력
- **자연지능** 자연에 있는 사물이나 현상을 분간하고 분류해 낼 수 있는 능력
- **대인지능** 다른 사람의 마음 상태나 의도를 파악하고 대인관계를 맺고 유지하는 능력
- **자기이해지능** 자기 자신의 생각과 느낌, 감정 상태를 스스로 파악하고 통제하는 능력

언어지능

* 언어 추리
* 표현 어휘
* 듣기 이해
* 말하기 표현

**논리
수학지능**

* 도형 추리
* 수 추리
* 계산 능력
* 논리적 사고

**시각
공간지능**

* 입체대상 인식
* 평면대상 인식
* 공간 인식

음악지능

* 리듬 지각
* 선율 지각
* 음악적 표현
* 음악적 반성 및 참여

**신체
운동지능**

* 신체균형 유지
* 신체 조절
* 움직임 기억

자연지능

* 관찰 능력
* 분류 능력
* 식물 이해
* 동물 이해

대인지능

* 사회적 리더십
* 사회적 민감성
* 타인에 대한 인식
* 타인 이해 및 배려

**자기
이해지능**

* 감정인식 및 조절
* 능력 인식
* 자기 반성
* 미래 계획

이 중 자기이해지능Intrapersonal Intelligence은 정서지능EQ의 핵심이 되며, 자신의 충동을 절제하고 감정을 조절하는 능력과도 직결된다. 자기이해지능은 다른 모든 지능이 효율적으로 발휘될 수 있도록 돕는 조력자의 역할을 하는 지능이기도 하다. 또한 자기조절능력에도 영향을 미치며 깊은 관련성이 있다. 자기조절능력이란 자신의 감정을 관찰하고 의식해 건강하게 표현하거나 절제할 줄 아는 능력을 의미한다. 자기조절능력에는 감정조절력, 충동통제력, 원인분석력 등의 요소가 포함된다. 감정조절력은 부정적 감정을 잘 조절하고 긍정적 감정과 건강한 도전의식을 불러일으키는 능력을 말한다. 충동통제력은 쉽게 기분에 휩쓸리는 충동적인 반응을 절제하는 능력을 말한다. 그리고 원인분석력은 자신이 처한 상황을 객관적이고도 정확하게 파악하여 대처 방안을 찾아낼 수 있는 능력이다.

자신의 감정을 관찰하고 의식해
건강하게 표현하거나 절제할 줄 아는 능력

자기조절능력에 문제가 생기면 갑작스럽게 발생하는 문제 상황에 대한 반응이 조절되지 않는다. 어떤 경우는 분노를 주체하지 못하고 폭발적이거나 공격적인 형태로 나타난다. 2021년 2월에 있었던 일이다. 사생대회에 제출한 딸의 그림이 누락되자 그 화를 주체하지 못한 여성이 자동차를 몰아 편의점으로 돌진한 사건이 있었다. 분노를 조절하지 못해 일어난 위험천만한 사건들은 무수히 많다. 갈수록 증가하는 이런 사건들은 자기조절능력이 본인뿐 아니라 함께 살아가는 이웃과 사회를 위해서도 중요하다는 사실을 인식하게 한다.

하워드 가드너는 다중지능이론을 발표한 지 25주년 기념문에서 대인지능과 자기이해지능은 사실 두 가지 측면을 함께 내재하고 있는 하나의 지능일지도 모른다고 주장했다. 이 주장은 뇌과학 연구로 입증되었다. 사람이 자기 자신에 대해 생각할 때나 타인에 대해 생각할 때 혹은 나를 바라보고 있는 타인의 시선을 느낄 때 공통적으로 내측전전두엽과 쐐기전소엽 등의 부위가 활성화된다. 즉 나 스스로에 대해 생각할 때나 타인에 대해 생각할 때 모두 같은 뇌 영역이 활성화된다는 것이다. 이렇듯 자기이해지능은 타인을 이해하는 지능과도 밀접한 연관이 있다. 자기이해지능이 발달하면 자기조절능력도 향상되지만 무엇보다 내 삶이 소중하고 가치 있는 것처럼 다른 이의 삶도 소중하고 가치 있다는 관점이 발달하게 된다. 나 스스로를 도왔던 자기이해가 이제는 타인을 돕는 능력이 되며, 나의 회복을 위한 출발점이 너의 회복을 돕는 종착점이 된다.

내 안에 빛나는 별, 강점

"어둠이 짙을수록 별은 빛난다"는 말이 있다. 내가 코칭을 접하고 가장 흥미로웠던 부분이 바로 강점 관점이다. 강점 관점은 부족하게만 보였던 나에게도 빛나는 강점이 있다는 것을 확인시켜 주었다. 나에게는 끈기Grit_넘어서는 힘라는 성품 강점과 의사소통 능력이라는 재능 강점이 있다. 어둠이 짙을수록 환경이 어려울수록 강점은 빛을 발휘한다. 내가 강점을 극대화하는 삶을 살기로 선택하면서 어둡게만 보였던 내 삶도 밝게 빛나기 시작했다. 이 강점들은 환경을 넘어 나를 변화시키는 탄탄한 회복력이 되었다.

강점 관점으로 다른 사람을 바라보는 것은 관계를 긍정적으로 여는 열쇠가 되기도 한다. 어떤 사람은 자신의 강점을 인정하고 개발하려 하기보다는 약점을 보완하는 데에만 집중한다. 우리는 다른 사람의 부족한 부분부터 보고, 평가하고, 지적하는 것을 자연스럽게 여긴다. 장애인 체육 코치로 활동하는 이 선생님도 그랬다. 이 선생님은 평소 선수들의 부족한 부분을 지적하는 데 집중했다. 그런데 코칭 교육을 받고 나니 많은 생각이 들었고, 그다음 날부터 각 선수마다 잘하고 있는 부분에 집중해서 훈련을 지도했다고 한다. 선수들에게 훈련 시간이 좀 더 즐거워졌다는 피드백을 들으면서 변화를 이어나가기 위해 더욱 노력 중이다.

실수를 집요하게 지적받으면 그 실수에 몰입되어 더 잦은 실수를 하게 된다. 그래서 처음 코치로 활동을 시작했던 그 순간부터 지금까지 한결같이 진행하는 프로그램 중 하나가 바로 강점 찾기이다. 피코치 스스로가 찾거나 코치가 코칭 대화를 나누며 찾기도 한다. 피코치의 강점을 찾는 것은 코치에게도 긍정적으로 작용한다. 강점에 대해 이야기하다 보면 피코치의 잠재력을 신뢰하게 되기 때문이다. 대화를 통해 피코치가 사용하는 언어를 유심히 관찰하면 그 안에 숨겨진 강점이 반짝 하고 신호를 보낸다. 코치는 언어의 신호를 잘 따라가며 피코치의 강점을 확인한다.

    종종 대학의 장애학생지원센터와 장애인고용공단을 통해 취업을 준비하는 장애인들을 만나곤 한다. 코치는 취업교육 프로그램을 기획할 때 취업에 필요한 기술만 전달하려 해서는 안 된다. 취업에 필요한 기술들보다 먼저 준비되어야 하는 것이 있기 때문이다. 바로 그들의 강점을 발견하고 스스로 원하는 바가 무엇인지 함께 확인해 나가는 과정이다.

    한 남학생의 이야기를 소개하고자 한다. 대학교 장애학생지원센터에서 취업교육을 요청해 만나게 된 그 학생은 꾹 다문 입술과 표정 없는 얼굴로 나를 맞았다. 나는 처음 만나는 사람에게도 잘 다가가는 성격이지만 그날은 왠지 조금 냉랭하고 낯선 분위기에 어색하게 웃으며 인사를 건넸다. 학생은 안경을 쓰고 있었지만 글을 읽기 위해서는 자료를 눈앞으로 바짝 당겨야 했다. 학생은 시각에 장애가 있다고 했다.

이 코치   몇 학년이에요?

남학생   4학년입니다. 남들은 취업준비가 다 끝났는데 저는 준비가 너무 늦어진 것 같아요. 그냥 아무 생각 없이 지냈던 것 같아요. 졸업 이후가 정말 걱정돼요.

이 코치   앞으로 어떻게 하고 싶어요?

남학생   이 교육을 시작으로 준비해 나가고 싶어요.

이 코치   늦었다고 생각하는 사람들은 모두 원하는 곳에 취업하지 못

할까요?

남학생　아니요, 그렇지는 않을 것 같아요.

이 코치　늦었어도 원하는 곳에 취업하기 위해서 지금 필요한 게 있다면 어떤 게 있을까요?

남학생　(한참을 생각한 후) 사실 제가 잘 해낼 수 있을지 모르겠어요. 입사지원서 중 자기소개서에 무슨 이야기를 써야 할지도 모르겠습니다.

이 코치　네, 잘 몰라도 괜찮아요. 오늘 우리의 만남이 모르는 것을 함께 찾고 발견하고 알기 위한 시간이니까요.

남학생　(표정 없는 얼굴에 잠시 옅은 미소가 스친다.)

이 코치　취업에 관련된 내용을 진행하기 전에 중요한 걸 먼저 하려고 해요. 취업에 있어서 자기 신뢰가 참 중요해요. 내가 나를 끝까지 믿어주는 힘은 어떤 어려움 속에서도 다시 일어서는 힘이 되기도 하고, 포기하지 않는 동력이 되기도 하거든요.

남학생　그럼 자기 신뢰는 어떻게 만들어 갈 수 있나요? 만들 수는 있는 건가요?

이 코치　그럼요. 내가 누구인지를 알고 이해하고 수용하다 보면 자기 신뢰가 자연스럽게 형성돼요.

남학생　네, 그럼 코치님이 도와주세요.

이 코치　먼저 우리 같이 호흡을 크게 해 볼까요? 천천히 숨을 들이쉬고 내쉬어 보세요.

남학생	(세 번 정도 호흡을 한다.)
이 코치	자기 신뢰를 위한 첫 단계는 내 안에 어떤 보물이 있는지 찬찬히 관찰해 보는 것이에요. (강점 단어가 작성된 카드를 학생이 잘 볼 수 있도록 학생 방향으로 펼쳐 준다.) 단어를 살펴보면서 자신의 강점이라고 생각하는 단어들을 선택해 보세요.
남학생	몇 개 고르면 되나요?
이 코치	3개 이상 선택하면 좋을 것 같아요.
남학생	배려, 포기하지 않는 힘, 성실, 시간 약속이요.
이 코치	그 강점 단어들을 선택한 이유는 무엇일까요?
남학생	흠, 배려요. 작년 교양수업 때 각 나라의 문화를 소개하는 팀 프로젝트를 했는데 팀에 있는 여학생이 일본의 애니메이션을 좋아한다며 자료 조사와 발표 모두 혼자서 준비하겠다고 하더라고요. 팀원들 모두가 당황스러워했어요. 워낙 그 친구가 하고 싶다고 강하게 주장을 해서 그럼 일단 여학생이 한 자료조사를 바탕으로 모임을 갖자고 했어요. 그런데 3일 후, 자료를 전혀 취합하지 못했다고 했어요. 여러 가지 일이 있어서 그랬다고 하더라고요. 다들 실망스럽고 불편한 게 느껴졌어요. 그래서 일단 여학생에게 예기치 못한 일이 있었던 것 같다고 공감하고, 그렇다면 우리가 어떻게 하는 게 좋을지 의견을 나누었어요. 불평만 하고 있다고 문제가 해결되는 게 아니니까요. 그래서 역할 분담을 하고 급하게 준비를 했어요. 팀원들 모두 각자 몫을 잘해 주었고 발표를 문제없이 할 수 있었어요. 발표가 끝나고 여학생이 제게 와서 그러더라고요. 그때

자기를 나쁘게 말하지 않고 배려해 주어서 고맙다고요. 그래서 그때 팀을 이탈하지 않고 같이 할 수 있었다고요. 그러면서 캔 커피 하나를 건네주는데 그냥 마음이 좋더라고요. 포기하지 않는 힘과 성실은 연결되어 있다고 생각해요. 어린 시절부터 엄청 두꺼운 안경을 쓰고 여기저기 부딪히고 넘어져 학교에서 친구들에게 놀림을 많이 받았어요. 혼자 있는 시간이 많았고, 그래서 하고 싶은 이야기를 일기에 쓰기 시작했어요. 그러다 보니 자연스럽게 글 쓰는 실력이 향상돼서 상도 많이 받았고요. 꾸준히 포기하지 않고 노력하면 잘 할 수 있는 게 생기고, 그러려면 성실해야 한다는 걸 그때 알게 되었어요.

이 코치 (고개를 끄덕이며) 학생의 이야기를 듣다 보니 제 마음에도 잔잔한 감동이 오네요. 시간 약속은 어떤 이유인지 들을 수 있을까요?

남학생 아빠가 사업을 하시는데 어린 시절부터 제게 시간 약속의 중요성을 말씀해 주셨어요. 다른 사람들과의 관계에 있어서 시간 약속은 신용이라고요. 그래서 어떤 약속이든 항상 10분 전에 도착하는 습관을 갖고 있고, 덕분에 친구들에게도 믿을 만한 친구라는 이야기를 종종 들어요.

이 코치 그러게요. 오늘도 저보다 먼저 교육장에 와 있었죠?

남학생 (웃으며) 네.

이 코치 학생이 찾은 강점대로 살아가고 있네요.

남학생 (환한 표정으로) 감사합니다.

이 코치　이렇게 강점을 찾아보고 이야기를 해 보니 어떤가요?

남학생　다른 사람들에게 칭찬받고 인정받은 기억이 가물가물해요. '잘하는 게 없는데 내가 뭘 할 수 있을까?'라는 생각을 했거든요. 그런데 저에게도 좋은 점이 있고, 또 설명하다 보니 제가 꽤 괜찮은 사람이라는 생각도 들었어요.

이후 남학생은 여름방학과 겨울방학에 진행된 취업캠프와 연이어 진행된 모든 프로그램에 참석했다. 정말 감사하게도 졸업한 그해 9월, 한 인재개발원에 합격했다는 기쁜 소식을 전해 왔다.

셀 수 없이 많은 장애 학생을 만나면서 가슴이 먹먹할 때가 한두 번이 아니었다. 조금 다른 모습의 개성을 지니고 살아간다는 이유로 유년 시절 따돌림을 경험하지 않은 학생들이 없었다. 그런 경험이 학생들의 무의식에 영향을 주어 스스로를 부정적으로 인식하고 있는 경우가 대다수였다. 그러나 학생들은 정말 바라고 원하고 있었다. 세상이 말하는 자신의 존재가 진짜가 아니기를 말이다.

모든 사람은 저마다 다른 개성으로 살아간다. 한국 사회는 장애인이 신체 일부에 장애가 있거나 정신 능력이 원활하지 못해 일상생활이나 사회생활에 제약이 있는 사람을 지칭한다고 생각한다. 그런데 이 같은 정의도 있다. '장애는 사람에게 있는 것이 아니라 장애를 경험하게 하는 환경에 있다.' 장애를 사회적 억압에서 비롯된 문제로 간주하는 사회적 모델의 관점이 반영된 것이다. UN 장애인권리협약 제1조(장애인이란 다양한 장벽들로 인해 다른 사람과 동등하게 사회에 참여하는 것을 방해받는 장기간의 신체적, 정신적, 지적, 감각적 손상을 가진 사람을 포함한다)에 이러한 관점이 반영되어 있다. 모든 사람의 개성은 반드시 존중받을 이유가 있다.

장애란 두 발로 걷지 못하는 데서 오는 게 아니라
휠체어에 앉아서는 갈 수 없는 환경에서 오는 게 아닐까요?

자신을 들여다보고 관찰하면서 발견한 강점은 어두운 내면을 밝히는 빛이 되어 길을 보여 준다. 한 회기에 모든 변화를 경험하게 되는 것은 아니지만 강점을 찾으면서 형성된 긍정적 정서는 자기 스스로를 새롭게 인식하게 하고 다시 시작하는 용기를 불어넣어 준다. 강점은 긍정심리학을 기반으로 다양한 연구자들에 의해 개발되고 확장되어 왔다. 강점의 양대 산맥이라 할 수 있는 마틴 셀리그만Martin Seligman의 성품(미덕) 강점과 도널드 클리프턴Donald O. Clifton의 재능 강점에 대해 소개하고자 한다.

노력으로 만들 수 있는 성품 강점

미국의 비영리 재단 새플링Sapling에서 운영하는 테드TED는 각각 기술 Technology, 엔터테인먼트Entertainment, 디자인Design의 앞 글자를 따서 명명한 공개 강연회다. 마틴 셀리그만 교수를 처음 알게 된 것도 바로 이 강연 프로그램 덕분이었다. 셀리그만 교수는 마트 계산대 점원으로 일하는 이웃집 여성과의 대화를 통해 그녀의 일상이 어떻게 달라졌는지를 이야기했다. 그녀는 불친절한 고객을 만날 때마다 그 일에 회의를 느끼고, 매일같이 불평하게 되었다고 한다. 셀리그만 교수는 그런 그녀에게 어떤 강점이 있는지 이야기해 주었다. 사실 그녀의 문제는 불친절한 고객이 아닌 스스로를 바라보는 태도에 있었다. 자신의 강점에 대한 믿음은 그녀를 달라지게 했다.

이후 셀리그만 교수에게 관심이 생겨 그의 저서『긍정심리학』을 읽게되었다. 그는 1998년 미국심리학회 회장을 역임하고 펜실베니아대학교 심리학과 교수로 긍정심리학을 창시한 인물이다.

제2차 세계대전 이후 심리학은 병리학적 관점에서 인간이 갖는 심리적 문제와 치료방법에 집중해 왔다. 초기 심리학이 인간의 정신세계를 과학적으로 연구하여 구현하고자 한 세 가지 실천적 사명 중 두 가지 사명을 간과하면서 여러 가지 문제가 발생했다. 심리학이 인간의 정신질환 치료에만 관심을 집중하는 과정에서 긍정적이고 행복한 삶에 대한 언급은 종교지도자의 몫으로만 치부하고 있었던 것이다.

심리학의 세 가지 실천적 사명
- 정신질환을 치료하는 일
- 잠재능력을 발견하여 육성하는 일
- 모든 사람이 행복한 삶을 살도록 돕는 일

긍정심리학은 이런 불균형을 바로잡기 위해 인간의 미덕과 강점을 과학적으로 연구하기 시작한 데서 출발한다. 그는 긍정심리학의 기초적인 이론을 만들었으며, 그의 이론은 2000년 「미국의 심리학자American Psychologist」(특별판)와 2002년에 발간한『긍정심리학』을 통해 세상에 알려지게 되었다. 긍정심리학은 내가 공부하고 있는 코칭의 세계에도 깊숙이 들어와 있다.

셀리그만과 칙센트미하이는 행복하고 좋은 일을 더 오랫동안 지속시킬 수 있는 방법과 힘들고 나쁜 일을 극복하고 해결할 수 있는 과학적인 방법을 담고 있는 것이 긍정심리학이라고 주장한다. 긍정심리학에서 가장 기본이 되는 이론은 인간에게 질병, 질환, 고통이 발생하는 것과 같이 강점과 미덕, 탁월함도 주어진다는 것이다. 이 같은 긍정심리학의 강점과 미덕, 탁월함은 리질리언스 코칭을 하는 코치들의 주요 관점이자 역량이 되고 있다.

> 이제는 심리학에서 삶을 불행하게 하는 부정 심리 상태가 아니라 긍정 정서Positive Emotion에 대해 연구하고, 개인의 강점과 미덕을 추구하여 일찍이 아리스토텔레스가 말한 '행복한 삶Eudaimonia'으로 가야 합니다. 사람들이 원하는 것은 단순히 약점을 보완하는 것에 온 일생을 헌신하는 것이 아닙니다. 우리들이 보다 본질적으로 바라는 것은 삶을 사는 동안 진정으로 의미 있고 충만한 삶을 사는 것입니다.
> – 마틴 셀리그만(미국의 심리학자)

마틴 셀리그만은 강점에 기준이 존재한다고 했다. 첫째, 강점은 시간과 환경에 상관없이 지속적으로 나타나는 심리적 특성이 있다. 둘째, 강점은 좋은 결과를 만들어 내는 것과 상관없이 그 자체로 소중한 가치가 있다. 셋째, 강점은 정당성을 강조하고 논리를 입증할 필요 없이 우리가 추구하며 갖추고자 하는 내적 상태이다. 넷째, 자신의 강점이 주위 사람들의 강점을 약화시키지 않으며 선순환의 역할을 한다. 다섯째, 제도 혹은 역할 모델, 격언, 동화 등 여러 과정을 통해 강점을 강화시키는 문화가 존재한다. 마지막으로, 강점은 세계 대부분의 문화권에 두루 퍼져 있는 보편성이 존재한다.

긍정심리학에서는 강점이란 꾸준히 노력한다면 평범한 사람들도 얼마든지 습득하고 성장시켜 나갈 수 있는 것이라고 말한다. 강점은 무엇보다 발견과 실천을 통해 자기화하는 것이 중요하다. 마틴 셀리그만은 위의 기준에 따라 강점 목록을 제시했다. 그가 우리에게 이 같은 목록을 제시한 이유는 강점을 절대화시키기 위해서가 아니라 사람들에게 강점이 적용되고 행복한 삶을 누리길 바라는 의도 때문이다.

마틴 셀리그만의 대표 강점 찾기는 더욱 구체화되어 있지만 여기서는 표를 통해 간략하게 자신의 강점이 무엇인지 한 번 생각해 보고 찾아보기를 바란다. 강점은 자아 정체성을 함양하고 자신감을 높여 준다. 강점이 발현될 때 기쁨이 있으며, 강점을 활용할 수 있는 일을 하거나 배움을 가질 경우 학습과 일의 속도가 빠르다. 강점을 활용해서 무언가 해낼 때 피곤하기보다는 기운이 난다. 누가 시키지 않아도 강점을 활용해서 할 수 있는 일을 스스로 만들어 내거나 추구하며 강점을 활용하고 싶은 마음의 동기를 가지게 된다.

마틴 셀리그만이 제시한 강점

지혜와 지식

호기심　학구열　판단력(개방성)　창의성　예견(통찰력)

용기

용감　끈기　정직　열정

사랑과 인간애

사랑　친절　사회성

정의감

팀워크(시민정신)　공정성　리더십

절제력

용서　겸손　신중함　자기통제력

영성과 초월성

감상　감사　희망(낙관성)　유머 감각　영성

일상 속에서 자신의 대표 강점을 연습하다 보면 나 자신을 건강하게 바라보고 사랑하게 된다. 물론 강점을 찾았다고 하여 내면의 모든 문제가 해결되는 것은 아니다. 훈련된 강점이 약점으로 비롯된 시련을 이기는 힘을 준다는 데 그 의미가 있다. 스스로를 강점 관점으로 이해하면 문제를 해결할 창조적인 힘이 나에게 있다는 사실을 경험하게 될 것이다.

나의 대표 성품 강점 3가지는 무엇인가?

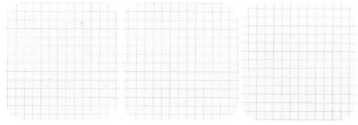

* 강점 단어에 대한 설명은 189쪽 참고

수영보다 달리기를 잘하는 토끼의 재능 강점

도널드 클리프턴과 폴라 넬슨의 『강점에 올인하라』에는 우습지만 슬픈 예화가 하나 나온다. 숲속 동물들이 다니는 학교 이야기다. 어린 동물들을 위한 학교가 세워지고 다재다능한 동물로 성장시키기 위한 필수 과목들이 개설되었다.

- 1교시: 달리기
- 2교시: 헤엄치기
- 3교시: 나무 오르기
- 4교시: 높이뛰기
- 5교시: 날기

개학 첫날 1교시는 달리기였다. 토끼는 단숨에 언덕 꼭대기까지 오르며 칭찬을 받았다. 토끼는 학교는 참 좋은 곳이라 여기며 만족했다. 얼마의 쉬는 시간이 지나고 2교시는 수영이었다. 수영을 싫어하는 토끼는 눈앞이 어질어질했다. 다행히 준비 운동만으로 2교시가 끝났다. 3교시 나무 오르기는 다리에 쥐가 나는 바람에 나무에서 떨어져 크게 다칠 뻔했다. 4교시 높이뛰기는 다른 학생들과 비슷하게 해냈지만 5교시 날기에서는 하얗게 질려 버렸다. 토끼는 학교에 다니기 싫었고 고민 끝에 상담 선생님을 찾아갔다. 토끼에게 학교가 싫어진 이유를 들은 상담 선생님은 다음과 같이 말했다. "수영 때문에 학교가 싫어졌구나. 내 말이 맞지? 그럼 해결책을 말해 주마. 토끼야, 네 성적을 보니 달리기는 지금만으로도 충분하구나. 부족한 것은 수영이지. 이제 네 시간표에서 달리기를 빼고 그 대신 수영 시간을 두 배로 늘리자꾸나." 학교 밖을 도망치듯 빠져나온 토끼는 친구 올빼미와 함께 토끼는 달리고, 다람쥐는 나무에 오르고, 물고기는 헤엄치고, 새는 날기만 해도 되는 그런 세상을 만들기로 다짐한다.

강점 관점으로 정체성을 재정립하여 성공한 인물이 있다. 세계적인 여론조사 기관인 갤럽의 회장 짐 클리프턴Jim K. Clifton이다. 그는 어린 시절 주의력 결핍장애로 선생님이나 친구들과 가벼운 대화조차 불가능해 학교생활에 어려움을 겪었다고 한다. 그의 아버지가 바로 위의 예화가 담긴 『강점에 올인하라』를 쓴 도널드 클리프턴이다. 그는 2002년 미국 심리학회에서 강점 심리학의 기초를 확립하여 '강점 심리학의 아버지'로 불리는 인물이다. 그는 아들에게 이렇게 이야기했다.

"너의 약점은 절대로 고쳐지지 않을 것이다. 하지만 너의 강점은 무한히 개발될 수 있단다."

이후 그는 강점 개발에 집중하는 삶을 살았고 오늘날 우리에게 "약점을 고치려 들지 말고 대신 내가 가진 장점을 개발하는 데 집중하라"고 강력하게 이야기하고 있다.

『강점혁명』은 도널드 클리프턴과 마커스 버킹엄이 '스트렝스 파인더 Strengths Finder'라는 자기발견 프로그램을 개발하면서 발간한 책이다. 그는 "인생의 비극은 우리가 천재적인 재능을 타고나지 못한 데 있는 것이 아니라 가지고 있는 강점을 충분히 활용하지 못하는 데서 오는 것이다"라고 말했다. 우리는 꿈을 이루어 자신의 분야에서 성공하거나 성장하기를 원한다. 모든 사람에게는 분명 강점이 존재한다. 자신의 대표 강점을 찾고 실제로 사용하다 보면 성장을 이루어 낼 수 있다.

도널드 클리프턴은 강점Strength을 단순한 재능Talent을 넘어서 반복적으로 성공의 결과를 가져오는 능력이라고 정의했다. 초보적인 관점에서 강점은 표면적으로 드러난 능력, 즉 재능과 같지만 좀 더 넓은 관점에서 강점은 표면적인 능력뿐만 아니라 내적인 욕구(열정, 끈기, 용기)까지 포함한다.

전문적으로 표현하자면 **"강점은 고도의 만족감과 보람을 주는 행동과 생각, 느낌의 패턴이다."**

그의 강점은 마틴 셀리그만의 강점과 차이가 있다. 셀리그만이 강점을 미덕(성품)에 초점을 두고 연구한 것과 달리, 클리프턴은 강점을 재능, 지식, 기술의 조합으로 보고 있다. 재능은 무의식적으로 반복되는 사고나 감정 또는 행동, 즉 태어날 때부터 지니고 있는 능력이나 소질을 말한다. 지식은 학습과 경험을 통해 얻은 진리와 교훈으로 구성되어 있다. 기술은 행동의 단계이다. 강점을 기반으로 한 삶을 구축하려면 재능, 지식, 기술 모두 필요하지만, 이 중에서 가장 중요한 것은 재능이라고 한다. 재능을 찾아내어 기술과 지식으로 갈고 닦아 탁월하게 만들어가는 것이 그가 말하는 강점인 것이다. 재능은 자발적인 반응(위기 상황시 대처 방법을 포함한다)이나 동경, 빠른 학습속도, 만족감 등에서 발견할 수 있다. 예를 들어, 평소 동경하는 행동과 사람이 있다면 이를 구체적으로 살펴볼 필요가 있다. 동경 속에 사실은 내 강점이 반영되고 있기 때문이다. 어떤 일을 할 때 만족감이 높은지, 또는 학습속도가 빠른 영역이 무엇인지 아는 것도 자신의 강점을 확인하는 데 도움이 된다.

강점을 찾고 발견하는 일은 코치인 나와 코치가 되고자 하는 여러분 혹은 긍정적인 자기이해를 이루고자 하는 사람들에게 필수적인 부분이다. 강점을 확인하고 의식적으로 반복할 때 강점이 극대화되는 기쁨을 맛볼 수 있다. 강점은 나의 내면과 세상을 밝히는 빛나는 별이 된다.

다른 사람들과 관계를 만들어 나갈 때 강점 관점을 활용하는 것은 긍정적인 관계로 가는 지름길이 되기도 한다. 긍정적이고 유의미한 관계 변화를 위해 자신의 재능 강점을 작성해 보고, 이를 어떻게 활용할 수 있을지 생각해 보자.

긍정심리학의 양대 산맥

마틴 셀리그만	도널드 클리프턴
미덕(성품) 강점	재능 강점

- 강점은 시간과 환경에 상관없이 지속적으로 나타난다.
- 강점은 그 자체로 소중한 가치가 있다.
- 강점은 우리가 추구하며 갖추고자 하는 내적 상태이다.
- 나의 강점이 타인의 강점을 약화시키지 않으며 선순환의 역할을 한다.
- 강점을 강화시키는 문화가 존재한다.
- 강점은 보편성이 존재한다.

- 강점을 재능, 지식, 기술의 조합으로 본다.
- 재능을 지식과 기술로 갈고 닦아 탁월하게 만들어 가는 것이 강점이다.
- 재능은 단순히 태어날 때부터 지니고 있는 소질을 말하는 것이 아닌 반복적으로 성공의 결과를 가져오는 능력을 말한다.
- 재능은 고도의 만족감과 보람을 주는 행동과 생각, 느낌의 패턴을 말한다.

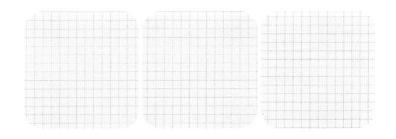

나의 대표 재능 강점 3가지는 무엇인가?

다음은 **도널드 클리프턴**의 『**강점혁명**』에서 제시하는 34가지 강점 목록이다.
목록을 자세히 살펴보고 자신에게 어떤 강점이 있는지 찾아보기를 바란다.

개발자	당신은 사람들의 잠재력을 본다. 모든 사람은 가능성으로 충만하며 당신은 사람들이 성공을 경험하도록 도우려는 목적을 가지고 대한다.
개인화	당신은 개개인의 고유성과 특수성을 매력이라고 생각한다. 관찰을 통해 저마다의 특별한 강점을 끌어낼 수 있다. 훌륭한 팀은 팀 구성원이 가장 잘할 수 있는 일을 하도록 배치하는 데 있다는 것을 본능적으로 알고 있다.
경쟁	이기기 위해 경쟁하며 이길 때의 기분을 좋아한다.
공감	다른 사람의 감정을 마치 자신의 감정인 것처럼 느낄 수 있다. 다른 사람들과 자기 스스로에게 감정을 제대로 표현할 수 있게 도와주며 사람들이 정서적으로 풍부한 삶을 누릴 수 있도록 돕는 것을 좋아한다.
공평	균형이 중요하다. 규칙이 분명하고 모든 사람에게 평등하게 적용되는 일관된 환경에서 사람들이 최고의 역량을 발휘할 수 있다고 믿는다.
관계자	친한 친구들에게서 많은 기쁨을 경험한다. 관계는 진실해야 가치가 있다고 여기며 진정한 우정을 쌓기 위해 겪어야 할 여러 단계를 기꺼이 받아들인다.
긍정성	당신은 칭찬에 관대하고 잘 웃으며 주어진 상황에 긍정적인 면을 찾으려 한다. 당신의 활력을 거부하는 사람을 만나도 좀처럼 용기를 잃지 않는다. 주어진 일을 흥미롭고 활기차게 하려 한다.

매력	새로운 사람을 만나고 그들이 당신을 좋아하게 만들기를 좋아한다. 새로운 관계를 즐거워하며 낯선 사람들과도 친구가 된다.
맥락	당신은 지난 과거를 돌아보며 답을 찾는다. 과거를 통해 오늘을 이해한다. 역사책과 전기를 사 보고 과거에 대해 많은 질문을 한다.
명령	당신은 주로 일을 지휘한다. 입장이 분명하고 실행력이 있으며 사람들에게 함께 행동할 것을 강력하게 요구한다. 대립을 두려워하지 않으며 당당하다.
미래지향	당신은 미래가 어떨지 구체적으로 보인다. 이루어질 가능성이 있는 비전을 보며 앞을 향해, 내일을 향해 나아간다.
복구자	무엇이 문제인지 파악하고 해결책을 찾는 일에 기쁨을 느낀다. 당신은 고쳐서 소생시키고 다시 활력을 불어넣는 것에 만족을 느낀다.
분석가	당신은 이론이란 이치에 맞아야 하며 객관적이고 중립적이어야 한다고 생각한다. 당신은 논리적이고 엄격하다.
사고	당신은 혼자만의 시간을 즐기며 정신활동을 즐거워한다. 스스로 성찰하는 시간을 즐기며 자기 자신이 당신에게 가장 좋은 친구이기도 하다.
성취자	당신 내면에는 꺼지지 않는 불꽃이 존재한다. 구체적인 것을 성취해내는 것을 만족스럽게 여긴다. 성취하지 못한 채 하루가 끝나면 불만을 느낀다.
신념	언제나 변하지 않는 기본적인 가치가 있다. 가족 지향적이고, 이타적이며, 영적이기까지 하다. 당신은 하는 일에 반드시 의미가 있어야 한다.

신중함	자제력을 가지고 인생에 접근하는 진지한 사람이다. 미리 계획하는 것을 좋아하며 항상 조심하며 친구들을 신중하게 선택하고 개인적인 대화에는 침묵을 유지한다.
연결성	우리가 서로, 지구와 지구상의 모든 생명과 연결되어 있다고 생각한다. 인류가 하나임을 확신하며 다른 문화적 배경을 가진 사람들과의 다리 역할을 한다.
의사소통	당신은 설명하기와 묘사하기, 사회 보기, 대중 앞에서 연설하기, 그리고 글쓰기를 좋아한다. 사람들은 당신이 하는 말에 귀 기울이기를 좋아한다.
자기확신	자기확신이란 자신감과 비슷하다. 스스로의 강점을 믿고 있고 자신이 해낼 수 있다는 것도 안다. 견고하고 강하며 어려움을 견디고 올바른 길을 간다.
적응력	당신은 현재를 위해 산다. 갑작스러운 상황 변화에도 피할 수 없다면 기꺼이 해 나가며 유연성을 잃지 않는다.
전략	혼란에서 벗어나 앞으로 나아갈 수 있는 최선의 길을 찾게 해 준다. 질문을 던지며 대안을 탐색한다.
조정자	복잡한 상황에서도 모든 것을 가장 효과적인 순서로 정리할 수 있을 때까지 배열하기를 좋아한다. 실용적인 유연성을 가지고 있으며 더 나은 방법이 존재할 가능성을 신뢰한다.
조화	갈등과 충돌에서 얻을 것이 거의 없다고 생각하며 화합의 영역을 찾는다.
중요성	구속받지 않고 스스로 원하는 방식으로 일하고 싶어 하며 사람들로부터 인정받고 중요하게 보이고 싶어 한다. 이는 당신을 계속 노력하게 만드는 동기가 된다.

질서	예측 가능하고 질서 정연하게 계획되어야 하는 것이 당신의 세계이다. 당신은 상황을 통제하고 있다는 느낌을 갖고 싶어 한다. 일들을 계획하여 구조화하는 것을 좋아한다.
착상	아이디어를 사랑하며 창의적이고 독창적이다. 심지어 사람들은 당신을 총명하다고 한다. 우리가 알고 있는 것을 당신은 다른 시각으로 본다.
책임	하겠다고 말한 것에 대해 끝까지 책임을 지려 한다. 절대적으로 신뢰할 만한 평판을 가지고 있으나 감당할 수 없는 일에 대해서는 신중히 선택해야 한다.
초점	당신에게는 분명한 목적지가 중요하다. 목표는 당신을 효율적으로 만든다. 당신은 중요하지 않은 것들에 시간을 낭비하지 않는다.
최상 주의자	기준을 최상에 둔다. 강점에 이끌리며, 강점을 발견하면 탁월하게 만드는 것에 만족을 느낀다.
탐구심	물건을 수집한다. 당신은 수많은 것으로부터 흥미로움을 찾아내는 지성을 갖고 있다.
포괄성	"원을 더 넓혀라." 이것이 당신 인생의 철학이다. 당신은 본능적으로 수용적인 사람이며 사람들에게 따뜻한 소속감을 느끼게 하는 것을 좋아한다.
학습자	내용이나 결과보다 배우는 과정을 무척 좋아한다. 끊임없이 배워 나간다.
행동 주의자	"언제 시작할 수 있습니까?" 당신의 일생에서 반복되는 질문이다. 당신은 일단 결정하면 행동하고 그 결과를 보면서 배운다. 당신은 말이나 생각이 아니라 행동을 통해 평가받는다는 것을 알고 있고 이것을 두려워하지 않는다.

어둠 속 서로를 비추는
빛이 되기

사람을 사람답게 하는 여러 요소가 있겠지만 출산을 할 때 맞잡은 남편 손에서 느끼는 신뢰감, 어린 자녀의 장난 어린 미소에 느끼는 사랑스러움, 전쟁으로 인한 고아와 난민을 바라보며 느끼는 측은지심, 이런 감정들이 사람을 사람답게 하는 중요한 요소라고 생각한다.

이렇게 사람을 사람답게 하는 감정이 중요하다는 것을 알면서도 나는 감정을 느끼지 않았으면 좋겠다는 간절한 바람을 가졌던 적이 있다. 지금 내가 이렇게 아픈 건 세상이 나를 버려서이고, 환경과 주변 사람들 때문이라는 생각을 했다. 그러나 그런 생각들은 나와 내 삶을 건강하게 만드는 데 조금도 도움이 되지 않았다.

고통은 정말 사람에게 상처와 아픔만을 남기게 되는가? 고통에 대한 나의 오랜 질문이다. 그런데 시간이 흐르면서 그 질문에 대한 답의 모습이 달라지고 있다. 당시에는 보이지 않았던 고통의 이유가 이제는 보이기 때문일 수도 있고, 어쩌면 그 고통을 지나온 지금의 내가 조금은 성숙해진 탓인지도 모르겠다. 첫 코칭 교육 때 만났던 '고통은 사명이 된다'라는 한 문장이 가슴 속에 꽂히면서 내 고통에 어떤 사명이 있는지 찾으려 했던 노력 덕분일 수도 있다. 마음을 일으키고자 했던 공부가 이제는 나 자신을 넘어 다른 사람의 마음에 관심을 갖는 계기가 되었고, 회복이 필요한 사람들을 돕고자 하는 꿈이 되었다. 그 꿈이 이제는 내 삶에 행복이 되었다. 그렇게 깊은 골짜기를 지나 이제는 따스한 볕이 드는 들판만 걸을 줄 알았다.

2020년에 발생한 코로나19로 우리나라를 비롯해 전 세계가 고통받고 있다. 대한민국 국민을 가장 슬프게 했던 것은 코로나19 불안이었고, 2021년 가장 기대하는 것 역시 코로나19 종식이라고 한다. 나 또한 마찬가지다. 2020년 2월 중반부터 확정되었던 교육들이 하나둘 기약 없이 연기되거나 취소되기 시작했다. 처음에는 곧 나아지리라 믿었다. 2020년 3월 초, 센터를 이전하며 코치들과 함께 만들어 갈 내일을 기대했다. 매월 모여 성장을 목표로 공부하고 삶의 소소한 이야기를 나누던 모임이 그렇게 장기적으로 중단될 것이라고는 상상도 하지 못했었다. 그리고 시간은 흘러 어느덧 2021년이 되었다. 사명이라 여기며 시작한 일이었고, 그런 가치를 가진 사람들과 함께였기에 더욱 간절했지만 운영비로 사용할 자금이 바닥을 드러내자 순간 숨이 막히는 아찔한 상황이 닥쳤다. 조용했던 공황장애 발작 증상이 다시 나타난 것이다. 나는 다시 넘어지고 있었다. 코칭을 통해 스스로를 잘 알게 되었고, 멋지게 관리하고 있다고 믿고 있던 터라 스스로에게 더욱 화가 났다. 일과 가정 그리고 나에게 예기치 않은 일들이 지속되었다.

학부모들은 코로나19로 인해 방학 아닌 긴 방학을 경험했을 것이다. 아이들의 온라인 수업은 엄마의 손길을 많이 필요로 했다. 일상이 낯설었다. 아이들이 집에만 머물게 되니 화목한 줄만 알았던 아이들과 내 사이에도 갈등이 생기기 시작했다. 어린 막내는 언니와 오빠가 온라인 수업을 하는 틈에 혼자만의 놀이에 빠져 있었다. 평소 막내가 좋아하는 초코 우유를 손에 쥐어 주고 첫째와 둘째 수업을 도우러 방으로 들어갔다. 일순간 너무도 조용한 밖의 상황이 염려되어 나가 보니 거실에 깔린 밝은 톤의 카펫 위에 초코 우유 분수 쇼가 벌어지고 있었다. 아이는 정말 신이 나 있었고, 나는 얼룩말이 된 카펫의 모습에 기가 차서 말이 나오질 않았다.

코로나19로 인해 '돌밥돌밥'이라는 말이 생겼다. '돌아서면 밥하고 돌아서면 밥하다 정말 돌아 버리겠네'라는 뜻으로, 코로나 시대를 살아가는 엄마들의 애환을 담은 신조어다. 아이들의 학업과 막내 육아, 그리고 기약 없이 닫혀 있는 교육의 문. 하지만 코로나19는 좀처럼 끝나지 않았다. 아이들을 위해 식사를 준비하는 일은 물론 가치 있고 소중한 일이다. 그러나 일과 가정이 코로나19라는 낯선 침입자에게 예상하지 못한 공격을 받자 내 속에 있는 감정이 뒤엉키고 말았다. 괜찮은 것 같다가도 불시에 무너지는 게 사람 마음인 것 같다.

상황이 그렇다고 해도 다시 주저앉을 수는 없었다. 과거로의 회귀는 가장 바라지 않는 일이었다. 그래서 나 자신을 정성스럽게 돌보는 일부터 시작했다. 운영하는 센터에 나와 조용히 혼자만의 시간을 갖고 생각을 정돈하기 위해 글을 썼다. 감정에도 배설의 욕구가 존재한다. 그러므로 본질적인 것부터 돌아봐야 한다. 무엇이 그리도 나를 힘들게 하고 있고, 무엇이 흔들리고 있는 것인지 스스로에게 물었다.

나를 돌보는 시간을 허락하면서, 내 마음의 주인이 '일'이었다는 사실을 알게 되었다. 나는 일을 통해 내 존재를 입증해 보이려 했고, 그것만 얻으면 존재감과 든든함이 채워지고 안전한 상태를 누릴 수 있을 것이라 믿었다. 삶의 궁극적인 목표를 일의 성과라는 외적 성공에 두었던 것이다. 팝의 전설 마돈나는 '성공의 유혹'을 이렇게 표현했다.

나는 엄청난 의지의 소유자이지만, 여태껏 내 모든 의지는 늘 끔찍한 열등감을 극복하는 데 있었다. 열등감의 주문을 깨면 당장은 특별한 사람이 되지만 다시 무대에 서면 내가 평범하고 재미없어 보인다. 늘 그 반복이다. 내 삶의 동력은 평범함에 대한 아찔한 두려움에서 온다. 그

것이 늘 나를 몰아가고 또 몰아간다. 이미 대단한 존재가 되었음에도 여전히 내가 대단한 존재임을 증명해야 하기 때문이다. 내 고뇌는 끝난 적이 없으며 아마 영영 끝나지 않을 것이다.

– 마돈나(미국의 가수, 영화감독)

그녀의 이야기는 내 이야기이기도 했다. 마음의 주인을 성공, 사랑, 물질의 소유 등 '좋은 것'들에 내어 맡기며 나는 또 모든 것을 잃어버린 사람처럼 낙심하고 좌절했다. 혼자만의 시간을 갖게 되면서 마음의 주인은 그런 것들이 되어서는 안 된다는 사실을 자각하게 되었다. 내 존재와 삶을 코로나19라는 환경이 좀먹도록 내버려 두었다는 사실을 알아차리게 된 그 지점이 다시 회복하는 힘을 발휘할 지점이 되었다. 환경은 그리 쉽게 바뀌지 않는다. 그래서 더 포기해서는 안 된다. 모든 일의 시작은 마음에 있다. 내가 다시 삶의 루틴을 찾아야 한다고 생각하자 고통스러운 코로나19의 시간은 다시금 나 자신을 돌아보고, 재정비하는 시간이 되었다.

유엔 산하 자문기구인 지속가능발전 해법 네트워크SDSN가 지난 3월 20일 발표한 「2020 세계행복보고서」의 국가별 행복지수에서 우리나라가 지난해보다 7계단 하락한 61위를 기록했다. 반면 핀란드는 3년 연속 1위를 차지하며 세계에서 가장 행복한 나라로 선정되었다. 어떻게 핀란드라는 나라는 3년간 1위를 유지할 수 있었을까? 지금처럼 코로나19가 세계 각국으로 확산되는 상황에서도 지역사회 공동체 간에 서로를 도우려는 구성원의 의지가 높은 것이 행복지수 향상에 도움을 주었다고 한다.

코로나19를 위기가 아니라 재정비의 과정으로 만들고 누군가를 도울 수 있는 방법을 찾기 위해 노력했다. 온라인 수업이지만 쌍방향 소통이 가능한 교수법을 위해 다양한 영상 자료와 책, 전문가들의 이야기를 들으며 나름의 방법을 개발하기 시작했다. 온라인이지만 오프라인과 같은 참여식 교육을 만들기 위한 노력이 교육 참가자들에게도 전달되었는지 온라인 교육 요청이 증가하며 조금씩 상황은 나아졌다.

온라인 비대면 교육을 진행하면서 코로나19로 인한 우울을 겪고 있는 사람들을 빈번하게 만나게 되었다. 핀란드처럼 서로를 도우려는 구성원의 의지가 우리에게도 필요하다고 생각했다. 나는 그 의지를 온라인 교육을 통해 실천하고자 했다. 교육 중 어떤 감정을 느끼고 있는지 질문했을 때 반복적으로 등장하는 감정 단어는 '두려움'이었다. 예측할 수 없기에 두려운 것이다. 그러나 칠흑 같은 어둠에도 맞잡은 손이 있다면 견뎌낼 수 있다. 어두운 밤에 배가 길을 찾을 수 있도록 빛을 비춰 주는 등대처럼 우리도 서로에게 내면의 빛을 비춰 주어야 한다. 서로가 서로에게 버팀목이 되어 주는 것이다. 이제는 주저앉아 있는 우리를 서로 일으켜 회복을 도와야 할 때다.

리질리언스 코칭 기법

R

이

감정 코칭
Resilience Coaching

모든 것의 시작을 알리는 소리
감정 코칭

....

"'요즘 마음이 어떠세요?'
내 느낌이나 감정은 내 존재로 들어가는 문이다.
느낌을 통해 사람은 진솔한 자기 존재를 만날 수 있다."
– 정혜신의 『당신이 옳다』 중에서

"감정에 좋거나 나쁨이 있을까요?"라고 질문을 하면 많은 분이 "감정에는 좋고 나쁨이 있다"고 답변한다. 『감정의 발견』의 저자 마크 브래킷 Marc Brackett 교수는 감정이란 외부에서 소식을 가져오면 뇌가 이를 정리하여 분석한 뒤 표현해 내는 것이라고 했다. 사실 감정 자체에 좋거나 나쁨이 존재하는 것이 아니라, 감정을 표현하는 방식에 좋고 나쁨이 있는 것이다.

분노라는 감정이 있다. 분노란 몹시 분하여 성을 내는 상태를 말한다. 우리는 분노를 부정적인 감정으로 이해한다. 분노의 감정을 느끼면 화를 내거나 심할 경우 폭력으로 이어지기도 하기 때문일 것이다. 실제로 연인 사이에서 한쪽이 이별을 통보하자 분노해 상대를 폭행하는 사건이 있었다. 또 특정 집단이나 모든 국민이 동시에 분노를 느낄 수도 있다. 이 경우 분노를 표현하는 방법으로 집회가 있다. 얼마 전 대한민국을 떠들썩하게 했던 정인이 사건이 대표적이다. 8개월 된 정인이를 입양한 양부모가 장기간 학대하여 사망에 이르게 한 사건이다. 사건이 알려지면서 온 국민이 자신의 아이가 사망한 것처럼 아이의 고통에 공감하고 슬퍼하며 분노했다. 그리고 집회를 통해 이 정의로운 분노를 공유했다.

두 사건 모두 분노라는 감정에 기인한다. 그런데 두 사건을 바라보는 우리의 관점은 전혀 다르다. 어디에서 문제가 되었을까? 한 사건은 분노의 감정을 폭력으로, 한 사건은 집회라는 모습으로 표현했다. 분노라는 감정 자체에는 문제가 없다. 그 감정을 어떻게 표현했느냐가 문제가 되는 것이다. 그러니 우리가 느끼는 모든 감정은 감정 자체의 문제라기보다 어떻게 표현하는지에 따라 좋고 나쁨이 나뉘는 것이다. 모든 감정은 사람이기 때문에 경험하는 것일 뿐 감정 자체는 좋거나 나쁨이 없다. 따라서 자신의 모든 감정을 수용하고 이해하는 것이 먼저다. 물론 감정을 표현하는 행동에 있어서는 바른 선택이 필요하다.

원하지 않는 상황 혹은 정보와 마주할 때 우리는 감정적으로 불편하다고 느낀다. 이때 심장이 불규칙하게 뛰고, 뇌에서는 스트레스 호르몬인 코르티솔을 분비한다. 코르티솔 수치가 올라가면 교감, 부교감 신경의 조화가 깨지면서 투쟁 도피 반응이 나타난다. 우리 뇌가 '싸우거나 도망가거나 멈춰버리는' 단순회로가 되어 버리는 것이다. 불안한 정보에 민감하게 반응하는 편도핵이 시상으로 가는 메시지를 납치하여, 포괄적이고 깊은 사고를 하는 이성의 뇌인 전두엽으로 정보를 보내지 않기 때문이다.

삶은 선택의 연속이라고 한다. 원하지 않는 정보가 들어올 때 자기감정을 조절하는 능력은 수많은 선택의 방향을 결정짓는다. 감정이 선택에 영향을 끼친다는 것이다. 감정 코칭을 받으면 스스로를 달래는 신경학적인 능력이 발달한다. 이를 미주신경 조절력이라 부른다. 뿐만 아니라 충동을 억제하고 자제력을 향상시키며 긍정적 정서를 불러일으킨다. 자신의 마음을 달랠 줄 아는 태도는 다른 사람의 마음에도 공감하며 이해할 줄 아는 태도로 확장되어 친밀한 관계를 형성할 수 있다.

감정 코칭은 우리의 내면에 내비게이션을 설치하는 것과 같다. 내비게이션에 목적지를 설정하면 길을 가다 경로를 이탈할 경우에도 "경로를 이탈했습니다. 경로를 다시 탐색합니다"라며 목적지에 갈 수 있는 길을 알려 준다. 감정을 코칭한다는 것은 삶에 목적지를 두고 인생이라는 복잡한 경로를 탐색하며 길을 잃지 않도록 하는 것이다. 그 과정을 통해 존재를 바르게 인식하고 존재의 시야를 밝히게 된다.

사람은 항상 어떤 감정이든 느끼고 있고 한 가지 이상의 다른 감정을 동시에 느끼는 양가감정도 경험한다. 감정이란 일시적이기보다는 사람이 살아 있는 동안 느끼는 영속적인 흐름이라고 할 수 있다. 우리는 감정에 지배당하기보다 감정을 잘 알고 조절하는 삶을 살기를 원하면서 감정이 하는 이야기를 억누르거나 묵인하려고 한다.

감정은 보이지 않을 뿐 우리 마음의 상태를 알려 주는 중요한 지표이다. 이토록 중요한 감정에 우리는 어째서 무심하게 되었을까? 감정을 표현하지 않는 것이 미덕이라는 유교적 문화의 영향 때문인지 감정을 표현하는 방법을 배우려 하기보다는 일생을 통해 참는 연습을 해 나가고 있다. 그러나 다시 일어서기 위해서는 내 마음을 잘 알아야 한다. 성경에도 무릇 마음을 지키라는 구절이 있다. 사람의 생명이 마음에서 난다는 것이다. 그러니 이제는 토라져 있는 마음과 화해하고 진지하게 마음의 이야기를 듣고 이해하는 시간을 가져 보자. 마음에도 공부가 필요하다.

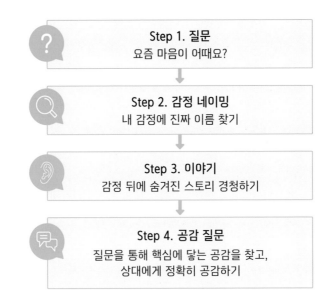

감정 코칭 대화 프로세스

Step 1. 질문
요즘 마음이 어때요?

Step 2. 감정 네이밍
내 감정에 진짜 이름 찾기

Step 3. 이야기
감정 뒤에 숨겨진 스토리 경청하기

Step 4. 공감 질문
질문을 통해 핵심에 닿는 공감을 찾고,
상대에게 정확히 공감하기

프랭클린 루스벨트, 존 F. 케네디, 버락 오바마, 오바마 여사, 마크 저커버그 이 4명에게는 공통점이 있다. 바로 하버드대학교 출신이며 감정수업을 받은 인물들이라는 것이다. 하버드대학교는 감정수업을 중요하게 여긴다. 하버드대학교 심리학과 연구에 의하면 성취, 명예, 부를 만드는 요소 80% 이상이 감정과 연관이 있다고 한다. 여기서 하나 놀라운 사실은 지식이나 실력과의 관련성은 15%에 불과하다는 것이다. 이런 이유로, 감정수업을 받은 하버드대학교의 학생들은 감정을 조절하는 능력이 타인을 리드한다고 생각해 자신의 감정을 관찰하고 이해하는 데 공을 들인다.

그러나 대한민국 학생들은 유치원을 시작으로 초등학교, 중학교, 고등학교, 혹은 그 이상을 졸업할 때까지 특별한 경우가 아니고서는 제대로 된 감정수업을 받아 본 경험이 없다. 나 역시 마찬가지로 대학원 시절 코칭을 배우면서 처음으로 마음에 대한 공부, 감정수업을 받았다. 한국에서는 굳이 배우려 들지 않으면 접할 수 없는 게 감정수업이다.

그러나 감정이 우리의 삶에 끼치는 영향력은 지대하다. 감성 지능EQ의 창시자인 다니엘 골먼Daniel Goleman은 이성을 중시하는 경영의 세계에서도 "감정을 경영하라"고 주장한다. 감성적으로 사람을 끄는 힘이 있는 리더가 하고자 하는 바를 잘 수행할 수 있다고 한다. 하버드대학교 연구와 유사하게 다니엘 골먼 박사의 장기적인 연구에 따르면 행복하면서도 성공한 사람들은 지능이 높거나 성적이 우수하거나 부유한 환경에서 자란 사람이 아니라 감성 지능이 높은 사람이라고 한다. 반가운 소식은 이 같은 감성 지능을 후천적인 노력으로 높일 수 있다는 것이다.

지식에는 배움을 통해 얻어지는 명시적 지식과 익힘을 통해 얻어지는 암묵적 지식이 있다. 명시적 지식은 머리로 배우는 것이고, 암묵적 지식은 몸으로 익히는 것이다. 처음 감정에 대해 배울 때는 명시적 지식을 얻을 것이다. 그렇게 배운 것을 반복적으로 연습하면 습관이 되고, 습관은 무의식적인 학습을 이루어 암묵적 지식이 된다. 몸으로 익힌 암묵적 지식은 삶의 태도가 되어 어느 날 변화된 나를 만나게 한다. 변화는 내 안의 가능성을 발견하게 함으로써 삶의 섬세한 회복을 이루게 한다.

감성 지능의 주요 요소

내 마음의 진짜 이름을 찾아 주는 감정 네이밍

잠시 심장 박동에 맞추어 숨을 들이쉬고 내쉬면서 고요한 시간을 가져 보라. 그리고 요즘 내 마음은 어떠한지 질문을 던져 보라. 타인에게 질문할 때에는 이 질문을 해도 적절한지 먼저 점검했으면 한다. 상대방의 마음을 묻는 것은 그에게 정확하게 공감할 수 있는 효과적인 방법이지만, 신뢰가 형성되지 못한 관계에서 이 질문을 한다면 피상적인 대화가 오갈 수 있다. 하지만 그래도 괜찮다. 이 질문을 통해 적어도 상대방은 자신의 마음 상태가 어떤지 한 번은 생각해 볼 수 있을 테니 말이다.

감정 네이밍이란 내가 느끼는 감정에 진짜 이름을 찾아 주는 것이다. 감정 네이밍 기법은 감정을 해소하는 데 도움을 준다. 우리는 어떤 감정 상태가 느껴질 때, 특히 부정적인 감정에 대해서는 드러내기보다 억누르거나 가짜 감정으로 대체하는 경우들이 있다. 무섭고 두려운데 이제 나이가 많아서, 혹은 사회적 체면 때문에 내면에서 이야기하는 진짜 감정을 드러내지 않으려는 것이다. 그러나 이미 생겨난 감정의 에너지는 참거나 다른 가짜 감정으로 대체한다고 해서 해결되지 않는다.

미국 UCLA의 매튜 리버만Matthew Lieberman 교수는 연구를 통해 감정 네이밍의 효과성을 입증했다. 사람이 자신의 감정에 정확한 이름을 붙이기만 해도 우리 뇌에서 감정 처리에 중요한 기능을 관장하는 편도체가 즉시 진정된다는 것이다. 동시에 감정적 반응을 억제해서 합리적인 의사결정을 하도록 이성의 뇌인 전전두엽이 활성화된다. 그렇다면 최근 경험하고 있는 감정들을 떠올리며 내 감정의 진짜 이름을 찾아보는 것은 어떨까. 이것이 습관화될 수 있도록 진짜 감정에 이름을 찾아 주는 연습을 반복해 보자.

다양한 감정의 이름을 확인해 보자

감동적인	고마운	기대되는	기쁜	다정한
당당한	만족스러운	몰입하는	반가운	뿌듯한
사랑스러운	설레는	신기한	신나는	안심되는
여유 있는	열정적인	자랑스러운	자신 있는	재미있는
즐거운	짜릿한	차분한	충만한	친근한
편안한	행복한	홀가분한	흐뭇한	흥미로운
희망찬	힘이 나는	간절한	걱정되는	겁나는
궁금한	귀찮은	긴장되는	놀란	낙심되는
답답한	당황스러운	두려운	망설이는	무서운
미안한	미운	부끄러운	부담되는	부러운
불안한	서운한	슬픈	실망스러운	심심한
안타까운	억울한	예민한	외로운	우울한
조심스러운	지친	허전한	혼란스러운	화나는

나의 감정 스토리 찾기

내 감정의 진짜 이름을 찾고 감정을 느끼게 된 스토리를 생각해서
아래의 표를 작성해 보자. 감정을 찾고 스토리를 쓰다 보면
내가 왜 이런 감정을 느꼈는지 이해가 되고 마음이 안전해진다.

감정의 이름 작성

감정을 느끼게 한 스토리

감정의 이름 작성

감정을 느끼게 한 스토리

감정의 이름 작성

감정을 느끼게 한 스토리

감정에 이름을 붙인다는 것은 더 이상 감정을 억제하거나 무시하지 않겠다는 용기 있는 선언이다. 감정에 이름을 붙인다는 것은 내 마음이, 혹은 당신의 마음이 어떤지 관심을 갖겠다는 것이며, 자세히 알고 이해하겠다는 의지이다. 따라서 감정에 이름을 붙이고 난 후에는 그런 감정을 느낀 이유를 한 번 생각해 보아야 한다. 이유 없는 감정은 없다. 모두 그만한 이유가 있어서 느끼게 된 것이다. 감정 뒤에 있는 스토리를 살피려는 노력과 연습이 부재하기 때문에 원치 않는 감정을 느낄 때는 '쓸데없는 감정'이라고 매도하는 것이다.

감정 네이밍을 할 때 염두에 두어야 할 것이 있다. 양가감정에 대한 것이다. 양가감정이란 정신의학자 블로일러E. Bleuler가 소개한 개념으로 상실감, 슬픔, 혐오 등의 감정이 희망, 기쁨, 연민 등의 감정과 함께 섞여 있는, 상호대립되는 감정이 공존하는 상태를 말한다. 내면이 건강한 사람도 얼마든지 양가감정을 경험할 수 있다. 행복하면서도 두려울 수 있고, 설레면서도 긴장될 수 있다. 양가감정이 자연스러운 상태임을 인정하며 이해했으면 한다. 감정과 생각이 한 덩어리로 엉켜 있을 때는 나라는 존재가 잘 보이지 않는다. 감정 네이밍은 내가 나를 관찰할 수 있는 기회가 된다. 내가 나의 관찰자가 되는 순간, 뒤엉켜 있던 감정과 생각 그리고 내 존재가 분리되어 좀 더 잘 분별해서 볼 수 있게 된다. '내가 이런 감정을 느끼고 있구나. 내가 이런 감정을 느끼는 데는 이런 이유가 있었구나.' 그렇게 관찰하고 나면 이해되지 않았던 내가 이해되기 시작한다. 일그러져 있던 내 모습이 달리 보이고 안전해진다. 무조건 털어 버리려 했던, 쓸데없다고 해석했던 감정들에도 이유가 있다는 것을 알게 되는 것이다. 감정은 그래서 온전히 공감이 필요한 동시에 감정 자체를 자신의 존재로 동일시해서는 안 된다. 사건과 상황에 대한 정보를 어떻게 해석하느냐, 나의 관점이 어떠하냐에 따라 감정은 달라지기 때문이다. 감정이 나라고 생각하면, 하루에도 열두 번 상황에 따라 변하는 감정에 의해 나의 존재를 달리 인식하는 혼란을 경험하게 될 것이다. 나에게는 존재의 의지가 있다. 그 의지는 감정을 관찰하는 것을 가능하게 하고, 마음을 다독여 오늘을 사는 힘을 준다. 존재의 의지가 내 마음의 진짜 이름을 부를 때, 숨죽여 있던 마음 꽃이 반갑다며 은은한 향기를 풍긴다. 이제 당신의 삶에 꽃향기가 가득해질 것이다.

내가 그의 이름을 불러 주기 전에는
그는 다만
하나의 몸짓에 지나지 않았다.

내가 그의 이름을 불러 주었을 때
그는 나에게로 와서
꽃이 되었다.

– 김춘수의 「꽃」

감정 눈물의 회복

아이를 키워 본 사람은 아이가 우는 데 여러 가지 이유가 있다는 것을 안다. 어떤 울음은 잠이 와서, 어떤 울음은 배가 고파서, 어떤 울음은 기저귀를 갈아 달라고, 어떤 울음은 놀아 달라는 표현이다. 외과전문의 이병욱 교수는 『울어야 삽니다』에서 "사람의 첫 번째 언어는 눈물"이라고 말했다. 나도 아이 셋을 키우면서 아이들은 울음이라는 언어를 통해 나와 소통하고 있다는 것을 알게 되었다. 눈물은 배워서 표현하게 된 것이 아니다. 이미 태어날 때부터 내재된 표현법이다. 우리가 숨 쉬는 것을 배운 적이 없어도 태어날 때부터 호흡해 오고 있는 것처럼 말이다. 나는 눈물도 호흡과 같은 것이라고 생각한다. 배우지 않았음에도 할 수 있도록 가지고 태어난 데에는 반드시 이유가 있다.

그런데도 우리는 울음에 대해 아주 인색한 반응을 보인다. 특히 남자는 태어날 때, 부모님이 돌아가셨을 때, 그리고 나라를 잃었을 때 세 번 울어야 한다는 유교적인 논리로 눈물을 억압한다. Friday가 SM C&C 설문조사 플랫폼 틸리언 프로Tillion Pro를 통해 전국 20~50대 남녀 847명을 대상으로 조사한 결과, 응답자의 40.3%가 '최근에 우는 사람을 보고 싶다고 느낀 적이 있다'고 답했다. 우는 사람을 보면 측은지심이 아니라 오히려 부정적인 감정과 반응이 일어난다는 것이다.

59.7%
아니오

최근 눈물 흘리는
사람을 보고 싫다고
느낀 적이 있다

40.3%
예

기타 0.9%

30.6%
별일 아닌데도
울어서

싫었던 이유
(복수응답)

16.2%
분위기를 나쁘게
만들어서

21.1%
감정 조절을
못한다고 느껴서

31.2%
일부러 우는
것처럼 보여서

어린 시절, 실수하거나 부모님으로부터 야단맞게 될 일이 벌어지면 혼도 나기 전에 눈물이 앞을 가렸던 경험이 있을 것이다. 그러나 부모님은 눈물의 이유를 물어보거나 눈물을 닦아 주기보다는 운다는 이유로 더욱 크게 혼을 내곤 한다. 우리네 부모님 또한 그렇게 교육을 받고 누구보다 억세게 눈물을 참고 견디는 세월을 살아왔기에 그럴 것이다. 자연스럽게 흘려야 할 눈물을 흘리면 야단맞는 세상이 나는 참 싫었다. 사내 녀석 둘이 싸우다 한 녀석이 울면, 우는 녀석이 지는 거라고 가르치는 세상을 이해할 수 없었다. 그런데 어느덧 그런 가르침은 내게도 당연한 것이 되어서 참으려 애를 써도 나오는 눈물을 훔치며 '울지 못하게 하는 세상이 이상한 게 아니라, 우는 내가 이상한 사람이구나'라는 결론에 도달하게 되었다. 이상한 사람이 되지 않기 위한 노력은 어린 시절부터 청소년기, 그리고 성인이 되기까지 꽤나 긴 시간에 걸쳐 이루어졌다. 다른 나라도 눈물에 대한 사정은 비슷해 보인다. 일본 호텔에는 여성들을 위한 크라잉 룸이 있고, 미국에는 남성들이 돈을 내고 우는 크라잉 룸이 있다고 한다. 울기 위해서는 비용을 지불하고서라도 안전한 장소를 찾아가야만 하는 세상이 된 것이다. 그러니 나의 이런 노력도 그렇게 억지스러운 건 아닐 것이다.

숨을 오랜 시간 참으면 사람의 신체적 생명이 끝나듯, 눈물을 오랜 시간 참으면 영혼의 호흡이 멈추게 된다. 영혼의 호흡이 멈춘 사람들은 다른 사람 눈에 흐르는 감정의 흔적을 보지 못하게 된다. 감정을 방치하고 눈물을 억지스럽게 틀어막았던 나는 결국 견디기 어려울 만큼 아픈 시절을 보내게 되었다. 그 시간은 정말 울면 안 되는지 탐구하는 열정을 갖게 해 주었다. 오랜 기간 내가 한 탐구는 '울어도 괜찮다. 울어야 산다'라는 사실을 확인할 수 있게 해 주었다.

남편은 세 자녀 중 둘째인 아들이 우는 모습을 참을 수 없어 한다. 어느 날 아들이 무엇 때문인지 눈물을 보였다. 그러자 바로 남편은 이렇게 반응했다. "사내 녀석이 어디서 울어? 세상이 얼마나 험한데 별일도 아닌 걸로 울고 그래?" 순간 아들의 얼굴이 일그러졌다. 그리고 그 슬픈 눈동자는 길을 잃어버린 듯했다. 그날 밤 남편과 이야기를 나누었다. 세상 밖이 당신 말처럼 안전하지 않고 우는 사람을 약하게 보는 것이 사실이지만 울고 싶을 때 울어야 사람이 사니 밖에서는 울지 못하더라도 부모인 우리 품에서는 안전하게 울도록 해 주는 것이 어떻겠냐고 말이다. 남편은 잠시 깊은 생각에 잠겨 고요해졌다. 그리고 고개를 끄덕이며 그렇게 함께해 보자고 했다. 그날 이후, 아이들은 울고 싶을 때 우리의 품에서 운다. 남편이 울고 싶을 땐 내 품에서, 내가 울고 싶을 때는 아이들과 남편 품에서 운다. 그렇게 눈물을 안아 주는 가족 문화를 만들었다.

고대 그리스와 로마, 영국 빅토리아 왕조 때는 '눈물단지'가 존재했다. 고인이 된 사람에 대한 애정과 존경의 표시로 문상객들의 눈물을 이 작은 병에 담아 함께 묻어 주었다고 한다. 또한 전쟁터로 나가는 남편들을 위해 눈물을 담아 선물했다고도 한다. 눈물에 마음을, 감정을 담은 것이다. 오늘날 눈물은 싫은 것, 불필요한 것으로 치부되기도 한다. 그래서 눈물 없는 세상을 원하는 사람들도 있다. 그러나 독일의 철학자 막스 셸러Max Scheler는 "인간의 눈물을 연구하지 않고 인간을 어떻게 알겠는가?"라고 말했다. 이어령 작가는 "눈물이 사라져 간다는 것은 사랑만이 아니라 참회의 문화도 사라져 가는 것이며, 눈물을 잃었다는 것은 인간성을 잃었다는 것이다"라고 했다. 오로지 사람만이 감정의 눈물을 흘린다. 이성적 사고로만 세상을 살아갈 수는 없다.

눈물을 회복한다는 것은 울어도 괜찮다는 다정한 메시지를 회복하는 것이고, 내 어깨를 울고 싶은 누군가에게 가만히 빌려줄 수 있는 온기를 회복하는 일이다. "울지 마"가 아니라 "내 품에서 울어"라고 이야기해 줄 수 있었으면 한다. 감정 코칭을 진행하는 날이면 오프라인이든 온라인이든 눈물을 조심스레 훔치는 사람들을 보게 된다. 그럴 때 "우는게 건강한 거다. 편안하게 우셔라" 하면 정말 그래도 되는지 눈짓으로 묻고는 그제야 고개를 들고 편안하게 눈물을 흘린다. 그렇게 눈물을 쏟아 낸 사람들은 가슴이 뻥 뚫리는 경험을 하고 놀라워한다.

눈물이란, 눈알 바깥 면 위에 있는 눈물샘에서 나오는 분비물을 말한다. 눈물의 화학적 구성에 대해 긴 시간 연구해 온 미국의 생화학자 윌리엄 프레이William Frey는 눈물을 생물학적 기준에서 지속적인 눈물, 자극에 의한 눈물, 감정적인 눈물 3가지 형태로 나누었다. 그는 모든 눈물이 같아 보이지만, 사실은 언제 어떻게 흘리느냐에 따라 눈물의 구성 성분과 눈물을 발생시키는 뇌의 지점도 각기 달라진다고 했다.

첫 번째 형태인 '지속적인 눈물'은 눈동자 표면을 촉촉하게 적셔 윤활유 역할을 한다. 이 눈물은 눈동자를 깜박일 때마다 소량씩 배출되고,

눈동자 표면에 골고루 퍼져 외부에서 침입한 박테리아와 세균, 먼지 등을 세척해 준다. 두 번째, '자극에 의한 눈물'은 양파를 깔 때 흘리는 눈물처럼 외부 자극에 의해 생성되는 눈물을 말한다. 양파가 내뿜는 황산 등이 눈동자를 자극하면 눈은 이 자극적인 물질을 희석하기 위해 자동으로 눈물을 흘린다. 세 번째, '감정적인 눈물'은 강력한 감정에 의해 사람이 하는 표현이다. 수많은 학자가 감정적인 눈물에는 고단백질이 함유되어 있다고 말한다. 누선을 통해 스트레스로 생긴 화학물질을 몸 밖으로 내보내는 역할을 한다는 것이다. 감정이 그대로 실린 눈물에는 카테콜아민이라는 스트레스 호르몬이 다량 들어 있다. 이 호르몬이 계속적으로 분비되면 만성위염이나 위궤양 같은 소화기 질환이 생긴다. 이 호르몬을 몸 밖으로 힘차게 밀어내는 역할을 바로 눈물이 하는 것이다. 국내 암 치료 분야의 손꼽히는 전문의인 이병욱 박사는 암 치료에 눈물 치료를 병행했고, 그 효과성을 입증해 내기도 했다. 눈물은 감정의 찌꺼기를 태우는 과정이라고 말하며 육체뿐 아니라 영혼까지 회복시킨다고 했다.

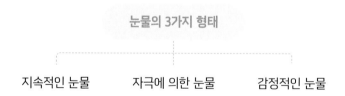

눈물의 3가지 형태

지속적인 눈물   자극에 의한 눈물   감정적인 눈물

울음을 참는 것은 감정을 단단히 묶어 두는 것이다. 이제는 세상의 시선에 아랑곳하지 말고 나를 위해서든 타인을 위해서든 몇 번이 되었든 속이 시원하게 울어 보았으면 한다.

눈물에 관한 질문

- 눈물에 씻겨 흘려보내고 싶은 감정에는 어떤 것이 있습니까?
- 운다면, 어떤 상황과 환경이었으면 좋겠습니까?
- 내가 울 때 듣고 싶은 공감의 말은 무엇입니까?
- 나는 내 눈물을 어떤 시선으로 바라보고 있습니까?
- 눈물을 흘렸다면, 흘린 이후 내 마음의 상태는 어떻습니까?
- 나는 다른 사람에게 울 수 있도록 내 어깨나 품을 빌려준 경험이 있습니까?
- 있다면 어떤 이유입니까?

02

경청
Resilience Coaching

들리는 것 이상을 듣는 마음의 자리
경청

....

"우리는 눈에 보이는 것 이상을 보는 법과
귀에 들리는 것 이상을 듣는 법을 배워야 합니다."
– 켄 가이어의 『영혼의 창』 중에서

'귀명창'은 내가 남편에게 지어 준 별명이다. 판소리에서 노래를 뛰어나게 잘 부르는 사람을 명창이라고 부르지만 이 귀명창은 경청이 뛰어난 사람을 지칭한다. 짐작하듯 남편은 내 이야기를 참 잘 들어 준다. 그래서 남편과 이야기할 때만큼은 거침없는 수다쟁이가 되곤 한다. 많은 사람이 이야기를 잘 들어 주는 사람을 만나면 나처럼 수다쟁이가 되는 경험을 했을 것이다.

다시 일어서는 회복과 성장을 돕기 위해 코치들도 말하기보다 누군가의 귀명창이 되어야 한다. 대화의 상대가 나와의 대화를 안전하게 느끼게 될 때까지, 상대의 마음의 과녁에 닿을 때까지 가만히 듣는 것이다. 장자는 "진정한 공감이란 자신의 존재 전체로 듣는 것이다"라고 말했다. 그만큼 공감을 잘하기 위해서는 듣기가 우선되어야 한다. 듣는다는 것은 단순히 귀로 듣는다는 의미에 국한되지 않는다. 그렇다면 어떻게 들어야 할까? 우리는 들으며 공감하기보다는 상대방에게 조언을 하거나 내 견해나 느낌을 설명하려고 한다. 이와 달리 공감으로 듣는 것은 섣불리 판단하지 않고 존재에 온전히 집중하여 상대방이 하는 말의 이면에 담긴 의미까지 듣는 것을 말한다. 충분히 시간을 갖고 들으면 내 마음에 잡힌 상대방의 모습이 점점 선명해지는 것을 경험하게 된다.

네덜란드 출신의 가톨릭 사제이자 작가인 헨리 나우웬Henri Nouwen은 "듣기는 꼭 개발되어야 하는 예술이다"라고 말했다. 잘 들어 주는 사람을 만나면 말하는 이는 춤을 추게 된다. 이것은 영혼의 춤이다. 말에는 사실과 생각이 뒤엉켜 있거나 숨겨진 감정과 의도, 더 나아가 문제를 야기했던 갈등의 원인과 해결 가능한 그의 강점까지 담겨 있다. 따라서 주의 깊게 들어야 한다. 그렇게 나를 질타 없이 공감으로 듣는 이가 세상에 한 명이라도 존재한다면 매일같이 다가오는 세상의 상처와 고통에도 다시 일어설 수 있게 된다.

그런데 주의 깊게 듣기 위해서는 연습이 필요하다. 지금부터 들리는 것 이상을 듣는 경청의 5가지 역량에 대해 이야기하고자 한다.

1. 존중하는 마음으로 듣기

아이들 반 모임에 참석한 적이 있다. 초등학교 2학년 자녀를 둔 학부모 모임에서 어떻게 하면 과학고, 외고를 보낼 수 있는지에 대한 노하우가 대화의 주제였다. 한 아이의 엄마가 아이들 스스로 공부할 수 있는 방법이 있다며 입을 열었다. 방학 내내 공부를 하지 않는 아이들을 데리고 서울역에 갔다고 한다. 그리고 서울역 부근에 있는 노숙자들을 가리키며 공부를 하지 않으면 저렇게 거지가 되는 거라고 했다는 것이다. 그 방법이 효과적이라며 일장 연설을 이어갔다. 몇몇 엄마들은 맞장구를 쳤지만 순간 얼굴이 화끈거리고 불쾌감이 일어났다.

다양한 사회복지 현장을 다니며 우리 사회의 사각지대에 놓인 사람들을 만나왔다. 그중 한 대상이 바로 노숙인자활센터의 회원들이었다. 처음 그분들을 만나러 갔을 때가 떠오른다. 어떤 분은 초점을 잃은 공허한 눈으로, 어떤 분은 호기심 어린 눈으로, 어떤 분은 다시 살고 싶다는 눈으로 나를 바라보았다. 마음이 가난했던 내 이야기를 시작으로 한 분, 한 분에게 질문하며 삶의 이야기를 들었다. 50~60대의 한 남성분은 사장님 소리를 들으며 살았지만 사업이 부도가 나 가족들과 떨어져 노숙 생활을 하고 있었다. 아내와는 이혼했고 자녀들에게 해가 될까 싶어 수십 년째 빚을 갚고 있다고 했다. 또 다른 분은 명절 귀갓길에 교통사고가 나 아내와 자녀들을 모두 잃고 잘 일구던 사업도 내려놓은 채 노숙인의 삶을 살게 되었다고 했다. 어떤 분은 날 때부터 부모가 없어 그 옛날 머슴이라 불리는 노역으로 삶을 살아왔다고 했다. 그분은 주민등록증이 없어 살아 있어도 산 사람이 아니라고 덧붙였다. 여기 어디에 거지가 존재하는가. 삶의 벼랑 끝에 내몰렸음에도 불구하고 숨 자락을 붙들고 애써 살아가는 사람의 모습만이 있을 뿐이다. 어떤 환경에 있든 편견 없는 마음으로 존중하며 듣는 태도는 스스로를 위해서도 중요하다. 서울역을 찾은 엄마는 자신의 기준으로 상대의 겉모습만 보고 판단했지만 그분들의 삶을 안다면 그렇게 단정 지어 아이들의 공부를 위한 동기부여 수단으로 활용하지는 않았을 것이라 생각한다.

그해 겨울, 노숙인자활센터에 나와 함께 일하는 팀장이 양말을 박스째 선물했다. 참 고맙고 감사했다. 센터를 운영하시는 원장님에게도 감사했다. 회원들을 위해 양말 하나하나를 정성스럽게 직접 포장하고 예쁜 쇼핑백에 넣어서 전달해 주었던 것이다. 주민등록증이 없던 회원님은 원장님의 끈질긴 노력으로 주민등록증을 발급받게 되었다. 사회복지 현장에는 아직도 이렇게 존경스러운 분들이 많다. 그날 팀장과 나는 케이크를 준비해 가서 회원들과 함께 축하해 주었다. 그날의 주인공이었던 회원님은 초를 하나만 꽂아 달라고 하셨다. 주민등록증을 발급받은 오늘이 대한민국 국민으로 처음 태어난 날이라는 뜻이었다. 8회기의 교육이 모두 끝날 무렵 회원님들이 이런 말씀을 해 주셨다. "사람들은 우리 이야기를 잘 들어 주지 않아요. 그런데 이번 코칭 교육을 진행하며 우리 이야기를 잘 들어 주는 사람을 만나 행복했어요. 감사합니다."

이후에도 회복과 성장에 열정이 있는 회원들과 원장님 덕분에 몇 해를 더 찾아뵙게 되었고 잊을 수 없는 인연이 되었다.

존중하는 마음은 다시 보는 눈을 통해 전해진다.

눈이 아니라 마음으로 보는 것이다.

그러나 우리는 다시 보지 않을 때가 많다.

볼 것이 없다고 생각하기 때문이다.

존중한다는 것은 거기 뭔가 볼 것이 있음을 아는 것이다.

표면이 전부가 아니라 이면에 뭔가 있음을.

생각하고 느끼는 방식을 바꿔 줄 위력이 있음을.

삶을 보는 방식뿐 아니라 실제 살아가는 방식까지 달라지게 할 깊은 계시가 있음을.

– 켄 가이어의 『영혼의 창』 중에서

2. 평가와 판단을 제외한 사실적 듣기

> 누군가와 오랜 대화를 나눈 끝에 '치유받은' 느낌을 경험한 적이 있습니까? 누군가와 관계를 형성하면서 자기 자신에 대한 호감을 되찾은 경험이 있습니까? 만약, 그렇다면 이는 개방적이고 신뢰할 수 있는 상황에서 두 사람 사이에 상호작용이 일어난 것입니다. 상대방은 아마도 어떠한 판단도 내리지 않은 채 온전히 관심을 기울이며 당신의 말을 경청했을 것입니다.
>
> – 칼 로저스(미국의 심리학자)

사람과 사람 사이를 연결하는 다리는 바로 대화이다. 대화가 안 되면 소통도 안 된다. 소통이란 막히지 않고 잘 통하거나 뜻이 서로 통해 오해가 없는 상태를 말한다. 우리는 대화라는 다리를 통해 연결되기를 원하고, 서로의 뜻이 오해 없이 잘 전달되어 통하는 관계를 만들어 가고 싶어 한다. 그런데 혼자 이야기한 것 같거나 괜한 말을 꺼냈다는 생각이 들 정도로 대화 자체를 후회할 때가 있다. 원하는 방향의 대화가 아니었을 때 그렇다. 같은 언어를 사용하고 있는 것 같지만 사람이라는 존재는 성장해 온 환경과 만나는 사람, 그리고 어떤 경험을 했느냐에 따라 저마다 사용하는 언어에 담긴 의미가 다르다. 그래서 찬찬히 잘 들어야 상대가 무엇을, 어떤 의미로 이야기하는지 이해할 수 있다. 그런데 우리는 상대의 이야기를 온전히 듣지 않는다. 대신 자기 나름의 해석으로 상대를 평가하고 판단하며 충고와 조언을 아끼지 않는다. 어쩌면 그 외에 방법을 몰라서일 수도 있다.

 '프로크루테스의 침대' 신화를 아는가? 프로크루테스는 그리스 신화에 나오는 포악한 거인이다. 그는 아티카 지방 언덕 위에 집을 짓고 살면서 강도질을 일삼았다. 나그네가 그 집 앞을 지나가면 불러들여 자신의 침대에 눕힌 다음, 나그네의 키가 침대 길이보다 길면 몸을 잘라서 죽이고 침대 길이보다 짧으면 몸을 늘려서 죽였다. 마찬가지로 우리는 대화의 세계 안에 저마다의 프로크루테스의 침대를 가져와 나와 다른 상대의 이야기를 잔인하게 잘라내고 억지스럽게 설득하려 든다. 설득이 안 되면 적이라고 판단 짓기도 하면서 말이다.

프로크루테스의 침대Procrustean Bed

상대의 이야기를 온전히 듣지 못하는 이유는 듣는 사람의 내면에 사실과 해석적인 생각이 뒤엉켜 있기 때문이다. 마셜 로젠버그는 이런 해석적인 생각을 '평가'라고 했다. 평가는 대상에 대한 관점, 즉 자기 평가가 존재하기 때문에 분명하고 정확하게 듣는 것을 방해한다. 따라서 우리는 관찰이라는 도구를 통해 생각과 사실을 구분해서 듣는 지혜로움이 필요하다. 공감으로 듣는 것을 방해하는 평가의 요소를 제외하기 위해서는 먼저 듣는 습관을 점검할 필요가 있다. 철학자 지두 크리슈나무르티Jiddu Krishnamurti는 "평가가 들어가지 않은 관찰은 인간 지성의 최고 형태이다"라고 했다. 평가가 들어가지 않은 사실적 듣기가 그리 쉽지만은 않다는 의미이기도 하다.

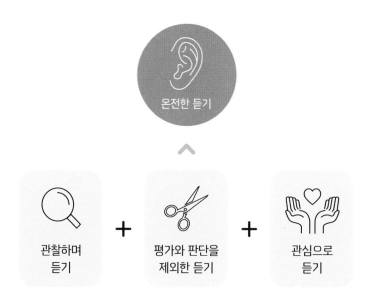

평가와 판단, 사실을 구분하는 예문

예문	평가·판단	사실
1. 진이는 핸드폰을 보는 동안 손톱을 깨물고 있었다.		●
2. 내가 보니 사람들이 모두 그 선생의 강의를 지루해했다.	●	
3. 우리 아이는 어떤 경우에서든 절대 거짓을 말하지 않는다.	●	
4. 남편은 내 편을 들어 주는 법이 절대 없다.	●	
5. 우리 팀장은 정말 우유부단하다.	●	
6. 아이가 놀이터에서 놀다 이마를 다쳐서 집으로 왔다.		●
7. 그 사람의 행동을 보면 정말 형편없다.	●	
8. 지난주에 책을 3권 구매했다.		●

"별것도 아닌 일로 울고불고 힘들다고 하는 걸 보니 정신력이 유리장이구나" 혹은 "그냥 흘려보내면 될 걸 그런 이야기를 마음에 품고 있는 것을 보니 분명 뒤끝이 긴 사람이네." 외부로 표현을 했든 내부로 담아두고 있든 이런 말들이 바로 평가다. 누군가의 이야기를 들을 때 그의 이야기를 내 생각으로 가져오는 일은 정말 조심해야 한다. 작든 크든 고통과 상처 혹은 갈등과 고민에 대한 이야기 속에 담겨져 있는 의도를 쉽게 평가하고 판단해서는 안 되는 것이다.

그리스어 '하마르티아Hamartia'는 '과녁에서 벗어나다'라는 뜻으로 뛰어난 재능을 지닌 비극의 주인공이 가지고 있는 선천적인 결함을 말한다. 우리가 상대방의 말을 내 뜻대로 평가하는 순간 하마르티아를 갖게 된다. 사람의 내면에 있는 중심, 마음의 과녁에 닿는 공감이 이루어지기 위해 평가와 판단을 그치고 가만히 들어 보는 연습을 해 보는 건 어떨까?

회복과 성장으로 가는 결정적 요인은 아픔과 고통에 진심으로 주목해 주는 사람이 내 삶에 존재한다는 사실을 확인할 때다. 나와 연결된 사람이 존재한다는 것을 인식하게 되면 다시 일어설 힘을 얻게 된다.

3. 언어 속 숨겨진 감정 듣기

사람들은 솔직하게 표현하기보다는 감정을 누르고 억압하는 데에 더 익숙하다. 그래서 감정을 어떻게 느끼는지 표현하기보다는 생각을 감정인 것처럼 표현한다. "나는 그 사람에게 존중받지 못했다고 느낍니다"의

존중받지 못했다는 것은 생각일 뿐 느낌이 아니다. "나는 그 사람에게 존중받지 못했다고 생각합니다"가 적절한 표현이다. 생각과 느낌을 구분해서 표현하는 것은 우리에게 낯선 일이다. 감정은 감정의 언어로 오롯이 표현되어야 한다. 그럴 때 내면에 숨겨진 문제를 해결하고 원하는 삶의 방향으로 노를 젓는 것이 가능해진다. 코치는 먼저 감정 어휘들을 숙지하고, 말하는 이의 중심에 있는 감정에 공감할 수 있어야 한다. 또 피코치 스스로 자신의 감정을 발견하고 인정할 수 있도록 도와야 한다.

보육교사를 대상으로 교육을 진행하던 날이었다. 쉬는 시간에 50대로 보이는 한 선생님이 잠시 내게 시간을 내 달라고 요청해 뒤쪽으로 자리를 이동했다.

"제게 아들이 하나 있는데요. 교육 중에 코치라는 직업으로도 활동을 하신다고 했는데, 제 아들도 코칭해 주실 수 있나요?"

질문을 듣고 내가 다시 질문했다.

"선생님 아드님에게 코칭이 필요하다고 생각되신 이유가 있으세요?"

"네, 제 아들이 중학교 시절 친구들에게 왕따를 당하고 학교를 제대로 못 다녔어요. 그리고 고등학교 과정은 검정고시를 치르고 합격했어요. 힘든 시간을 잘 견뎌 내는 것 같아 대견했고, 아들이 삶의 의지가 있다고 생각했습니다. 그런데 일을 시작한 지 6개월 만에 그만두고는 오토바이로 배달 일을 했어요. 그리고 지금은 그 일도 그만두고 방에서 나오지를 않아요. 마음이 답답해요. 아들이 그렇게 아플 때 제가 제대로 옆에 있어 주질 못했어요. 다 제 탓인 것만 같아요. 보육교사로 아이들을 돌보면서도 정작 제 자식은 돌보지 못한 못난 엄마가 되었습니다."

선생님의 이야기를 모두 듣고 난 후 고개를 끄덕였다.

"그런 사연이 있으셨네요. 그런데 지금 선생님의 마음은 어떠세요?"

그분의 말 속에 숨겨진 마음이 내 귀에 들어왔다. 그래서 선생님의 감정에, 느낌에 초점을 맞추어 되물었다. 그러자 눈가에 가득 고인 눈물이 왈칵, 뺨을 타고 흘렀다. 휴게실로 선생님을 모시고 가 어깨를 토닥였다. 선생님이 자신의 마음에 대한 여러 이야기를 하기 시작했다.

"제 마음에 대해 물어 주셔서 감사해요. 제 마음에 대해 물어봐 준 사람, 이 코치님이 처음이에요. 아들의 회복을 위해서는 제가 더 건강해져야 했는데 매일 걱정과 근심만 했어요."

그렇게 이야기를 나누고 다시 수업에 들어갔다. 4시간의 수업이 모두 끝난 후 이야기를 나누었던 선생님이 내 손을 살며시 잡으며 인사했다.

"감사해요. 이제라도 제 아들은 제가 지켜야겠어요. 그렇게 하려면 제 마음에도 힘이 있어야겠지요? 말씀해 주신 것처럼 제 마음에 정성스럽게 관심 갖고 잘 돌봐서 마음의 힘을 기르겠습니다. 아들이 문밖을 나올 수 있도록 돕고 기다리겠습니다."

그렇게 잔잔한 미소로 인사를 남기고 간 선생님의 뒷모습이 조금은 편안해 보였다.

4. 상대방의 진정한 의도 듣기

의도란 말하는 사람이 진정으로 원하는 것을 의미한다. 그런데 자신이 원하는 바를 직접적으로 말하지 않고 간접적으로 표현하는 방법은 듣는 사람이 비난이나 비판으로 받아들일 수도 있다. 우리 집 막내는 5살로, 아파트에서 살다 보니 층간 소음이 가장 염려된다. 그래서 나도 모르게 뛰지 말라는 말을 가장 많이 하게 된다. 그런데 사실 내가 원하는 건 막내가 사뿐사뿐 걸어 다니는 것이다. 그러면 "걸어 다녀"라고 말해야 하는 것이다. 나뿐 아니라 많은 사람이 이렇게 원하는 바를 정확하게 이야기하기보다 원하지 않는 상태를 이야기한다. 감정 듣기에서 소개한 사례의 선생님도 아들이 방 밖을 나오기를 원하는 의도보다 방 안에 갇혀 있게 된 사연에 더 몰입되어 정말 원하는 방향으로 나아가지 못하고 있었다.

사람들은 자신의 감정을 직면하기보다 회피하려는 경향이 크다. 감정 뒤에 숨겨진 나를 아프게 하거나 힘들게 한 이야기를 외면하고 싶기 때문이다. 감정을 쓸데없는 감정, 털어내고 싶은 감정으로 인식하며 감정 너머의 이야기를 직면하지 않으려는 것이다. 그래서 감정 듣기를 하다 보면 상대가 회피해 왔던 사건이나 진짜 이야기가 숨겨져 있는 경우가 많다. 그 지점에서 코치들은 적절한 질문을 통해 상대의 진짜 의도를 파악할 수 있게 된다. 숨겨진 의도가 나타나면 과거가 아니라 원하는 내일로 들어설 수 있는 문이 열린다.

5. 해결 의지를 돕는 강점 듣기

    온라인으로 10회기에 걸쳐 부부 코칭을 진행했다. 부부 코칭을 신청할 당시만 해도 부부 사이가 급속도로 나빠졌다고 한다. 부부는 아내의 경력과 경제적인 문제로 임신을 미루다가 결혼한 지 7년 만에 첫 아이를 출산했다. 출산하고 코로나19와 맞물려 영상 관련 일을 하는 두 사람은 함께 가정에 머무는 시간이 늘었다. 가족이 모두 함께 있으면 더 좋을 줄 알았던 둘의 관계는 시간이 지날수록 벌어져만 갔다. 잠시 남편이 아이를 돌보러 간 사이 아내와 집중적인 코칭이 진행되었다. 두 사람 사이의 갈등은 아주 소소한 것에서 시작되었다. 아내의 말에 의하면 남편은 평소 게으르고 잘 치우지 않는 성격이라 빨래가 말라도 깔끔하게 정돈을 하지 않고, 분리수거를 할 때도 플라스틱에 붙은 상표를 그대로 둔 채 속만 씻어 바구니에 던져 놓는다는 것이다. 남편이 해 놓는 게 마음에 들지 않아 모유 수유로 밤잠을 설치는 데도 집안일을 혼자 다 하게 된다고 한다. 그렇게 일을 하고 나면 집안일 하나 제대로 돕지 못하는 남편을 비난하게 된다는 것이다. 그러면 남편은 아무 말도 하지 않고 나가버린다고 한다. 아내는 당장 말로 풀고 사과를 듣고 싶은데 나가버리는 남편이 야속하고 밉다고 했다.

강점듣기

<table>
<tr>
<td>1. 상황</td>
<td>

- 남편은 평소 게으르고 잘 치우지 않는 성격
- 빨래가 말라도 깔끔하게 정돈을 하지 않음
- 분리수거를 할 때도 플라스틱에 붙은 상표를 그대로 둔 채 속만 씻어 바구니에 던져 놓음
- 싫은 소리를 하면 남편은 아무 말도 하지 않고 나가버림

</td>
</tr>
<tr>
<td>2. 아내의 바람
(갈등)</td>
<td>

- 남편이 부지런하고 잘 치우길 바람
- 빨래가 마르면 깔끔하게 정돈하기를 바람
- 분리수거 시 플라스틱에 붙은 상표를 떼어 정리하기를 바람
- 남편이 나가지 않고 사과하고 말로 풀기를 바람

</td>
</tr>
<tr>
<td>3. 아내의 강점</td>
<td>

- 부지런하고 잘 치움
- 빨래가 마르면 깔끔하게 정돈함
- 분리수거 시 플라스틱에 붙은 상표를 떼어 정리함
- 갈등 상황을 대화로 해결하려 함

</td>
</tr>
</table>

아내의 이야기를 다 듣고 하나씩 함께 정리했다. 위의 표와 같이 아내에게도 정리한 내용을 실시간으로 전달해 주었다. 코칭이 진행되며 아내는 이제껏 남편에게 자신이 바라는 것을 제대로 전달한 적이 없다는 사실을 깨달았다. 아내는 바라는 것을 말하기보다 남편을 비난하기에 바빴던 것이다. 아내가 남편에게 했던 비난은 그녀의 강점과 삶의 가치관에 기인했다. 자신의 강점과 가치관을 남편에게 강요하고 있었던 것이다. 다음으로 아이를 돌보다 돌아온 남편의 코칭도 시작했다. 남편은 아내가 자신을 비난하지 않았으면 했다. 아내의 비난이 고통스럽다고 말했다. 남편은 아내에게 지속적으로 비난을 그쳐 달라고 요청했지만, 자신의 힘든 감정에 지쳐 있던 아내는 그렇게 하지 못하고 있었다. 여러 차례 비난을 그쳐 달라고 요청했음에도 아내의 비난이 그치지 않자 고통스러워 밖으로 나가버렸던 것이다. 각자의 이야기가 끝나고 두 사람은 아무 말이 없었다. 그리고 잠시 후 둘은 어색한 표정이지만 함께 자리에 앉아 해결점을 이야기했다.

서로의 다른 점을 이해하고, 강점을 존중하는 방법을 배우며 서로를 힘겹게 하는 부분들은 여러 차례 협의의 과정을 거쳤다. 부부는 더 깊고 친밀한 이야기를 나누며 조금씩 관계가 성장하는 모습을 보였다.

ア01

アイ

아

아내의 이야기
강점듣기

1. 상황	・ 남편은 평소 게으르고 잘 치우지 않는 성격 ・ 빨래가 말라도 깔끔하게 정돈을 하지 않음 ・ 분리수거를 할 때도 플라스틱에 붙은 상표를 그대로 둔 채 속만 씻어 바구니에 던져 놓음 ・ 싫은 소리를 하면 남편은 아무 말도 하지 않고 나가버림
2. 아내의 바람 (갈등)	・ 남편이 부지런하고 잘 치우길 바람 ・ 빨래가 마르면 깔끔하게 정돈하기를 바람 ・ 분리수거 시 플라스틱에 붙은 상표를 떼어 정리하기를 바람 ・ 남편이 나가지 않고 사과하고 말로 풀기를 바람
3. 아내의 강점	・ 부지런하고 잘 치움 ・ 빨래가 마르면 깔끔하게 정돈함 ・ 분리수거 시 플라스틱에 붙은 상표를 떼어 정리함 ・ 갈등 상황을 대화로 해결하려 함
4. 해결	・ 갈등이 본인의 강점과 가치에 기인한 것임을 이해 ・ 바람에 대해 서로에게 구체적으로 요청하기로 함 ・ 아내는 남편을 향한 비난을 최대한 하지 않기로 함 ・ 남편은 아내의 요청을 구체적으로 듣고 하나씩 실천하기로 함

갈등은 큰 사건에 의해서도 발생하지만 이렇듯 소소한 일들이 쌓여서 생기기도 한다. 그런데 사실 갈등은 서로의 문제점에서 시작한다기보다 나의 강점과 가치를 실현하려는 데서 발생한다. 지키고자 하는 신념과 가치관, 자신이 가지고 있는 성품 강점이 다른 사람들과의 갈등요인이 되는 것이다. 그래서 우리는 이야기를 들을 때 상대의 어떤 강점이 이야기 속에 숨겨져 있는지 파악해야 한다. 부정적으로 해석된 상황이 단순히 말하는 이가 가진 선입견이나 편견으로 인한 것이라고 판단을 내리기보다는 상대가 가진 문제를 해결할 수 있도록 강점 듣기에 집중해야 한다.

03

말하기
Resilience Coaching

존재를 담아내는 풍경
말하기

우리말에는 '말씨'라는 단어가 있다. '말하는 태도나 버릇' 혹은 '말에서 느껴지는 감정의 색깔'을 의미한다. 말과 씨가 만난 것이다. 차동엽 신부는 이를 '말의 씨앗'이라는 관점으로 해석했다. 사람 내면에 있는 것이 입 밖으로 나올 때 언어라는 열매의 날개를 달고 듣는 이에게 날아가 그 사람의 마음과 생각에 씨앗이 되는 것이 말씨다. 그래서 그 사람이 하는 말을 들어 보면 그 사람을 알 수 있다고 하는 것이다. '씨'라는 것은 본질이며 말이다. 내가 사용하는 말씨는 나와의 관계, 그리고 상대방과의 관계를 정의하기도 한다.

우리는 자신이 원하는 내일을 그리며 살아간다. 내일이 불행하거나 절망에 빠지기를 원하는 사람은 없을 것이다. 그런데 원하는 내일을 상상하고 그리는 데에만 집중해선 안 된다. 지금의 나는 어떻게 하고 있는지, 오늘을 살지 못하고 과거를 원망하거나 미래에 대한 두려움과 불안을 말에 담고 있지는 않은지 생각해 보아야 한다.

사람의 변화는 다양한 모습에서 찾아볼 수 있다. 눈에 띄게 보이는 변화 중 하나는 언어의 변화다. 아픔에 묻혀 있을 때와 회복되고 성장을 이루어 갈 때 사용하는 언어는 다르다. 말이 달라졌다는 것은 세상과 삶, 그리고 사람을 바라보는 관점이 달라졌다는 것과 일맥상통한다.

말의 표현이 달라지는 게 그리 쉬운 일은 아니다. 기존에 사용하던 말과 앞으로 사용할 말이 서로 줄을 당기며 힘겨루기를 하기 때문이다. 이것은 습관처럼 살아왔던 과거와 앞으로 살아가고 싶은 내일의 충돌이기도 하다. 사람은 언어에 의미를 부여하는 존재다. 언어는 그 사람의 풍경화이다. 사람이 하는 말에 그 사람의 성품과 인격이 드러난다. 나라는 존재가 사용하는 언어는 존재의 풍경화가 되는 것이다. 풍경화가 아름다운 사람을 만나면 그 아름다움이 누군가에게도 향기가 되어 흘러간다. 그래서 언어가 아름다운 사람을 만나면 그 사람의 향기에 젖어 들고 위로받으며 행복해지는 것이다. 사용하는 말은 존재와 깊이 연결되어 있기에 입 밖으로 퍼져나가는 순간의 영향력은 우리가 생각하는 것 이상이다.

성경과 도덕경에 의하면 세상은 말로 창조되었고, 사람은 신의 형상을 따라 지어졌다고 한다. 이런 이치로 보면 사람이 하는 말에도 창조의 힘이 있다. 그러니 말에 어떤 향을 담고 있는지, 말에 어떤 풍경을 그리고 있는지, 말을 통해 우리가 무엇을 만들어 내고 있는지 관심을 가져야 한다. 말에는 생명을 살리는 창조의 힘과 더불어 존재를 소멸시키는 파괴적인 힘도 있기 때문이다. 그렇다면 주저앉은 삶과 우리를 다시 일으키도록 돕는 말하기는 어떻게 해야 하는 것일까.

나는 어떤 말을 하고 있는가

'남의 입에서 나오는 말보다 자기 입에서 나오는 말을 잘 들어라.' 탈무드가 전하는 지혜의 말이다. 우리는 다른 사람들이 하는 말에 귀 기울이기 이전에 내가 하고 있는 말을 들어 보아야 한다.

보육교사의 교육은 100여 명 이상의 선생님들이 참가하고 비대면으로 진행된다. 승급교육의 경우는 시험을 목적으로 교육이 진행된다. 그러나 어떤 교육이든 나는 "요즘 어떠세요?"를 먼저 묻는다. 선생님들의 안부를 묻는 것이 교육의 방향을 좌지우지할 만큼 중요하다는 것을 알기 때문이다. 강사가 교육생들에게 얼마나 관심이 있는지에 따라 교육생들의 참여도가 달라진다. 그래서 내가 먼저 선생님들께 관심이 있다는 것을 질문을 통해 표현하는 것이다. 교육이라는 것이 그렇다. 배움을 목적으로 진행되는 것은 맞지만 교육 내용의 전달 정도는 관계의 영향을 받는다.

"요즘 어떠세요?"라는 질문을 했더니 채팅창에 다양한 이야기가 올라왔다. 어떤 선생님이 이야기하고 싶지만 사람이 많아서 괜찮을지 모르겠다고 조심스러워하는 내용이 눈에 띄었다. "어제 점심에 뭐 드셨어요?"라고 내가 물었다. 그러자 한참을 고민하며 "뭐였더라?" 하고 갸우뚱하신다. "우리가 어제 무엇을 먹었는지도 기억이 잘 나지 않는데 여기에 모인 100명의 선생님들이 내일 서로 스쳐 지나가도 잘 모르실걸요?" 그러자 서로 깔깔거리며 웃다가 용기 내 이야기를 나누기 시작했다.

그런데 "요즘 어떠세요?"를 이야기하던 중 많은 사람이 스스로에게 모진 말을 하고 있다는 사실을 알게 되었다. 다른 사람이 아닌 내가 나에게 더 잘하기를, 더 노력하기를 거칠고 혹독한 말로 요구하고 있었다. "코로나19로 다들 힘들다고 하지만 어떤 사람은 또 잘 살아 내요. 제가 노력이 부족한 탓이겠죠. 아, 왜 이 정도밖에 안 되는 건지. 어쩐지 한동안 편안하다 했어요. 제가 이렇게 될 줄 알았다니까요. 어쩐지 불안하더라고요. 그러면 그렇지 했어요."

사람들은 자신이 불행 속에 살아가고 있다고 생각한다. 그렇게 생각하는 것이 삶의 어려움에 크게 실망하거나 놀라지 않고, 조금은 자신을 안전하게 만들어 준다고 믿는 것이다. 그런데 이런 말들은 나와의 관계를 상하게 한다. 더 나아가 삶의 모습에도 영향을 끼치게 된다. 우리는 말이라는 도구를 통해 나와 대화하며 소통한다. 그런데도 이런 사실을 자주 잊거나 아예 생각하지 않고 살아가는 것 같다. 내 입에서 어떤 말이 나오는지, 내가 나에게 어떤 말을 해 주고 있는지 관찰하고 점검해야 한다.

선생님들의 이야기를 모두 듣고 나면 나는 이렇게 말한다.

"그런데 한편으로 생각해 보면 그 순간에 최선을 다하고 있지 않았나요? 지금도 충분합니다. 버티고 있잖아요. 오늘도 삶의 자리를 지키고 있잖아요. 저는 버티는 힘도 전문성이라고 생각합니다. 그러니 오늘은 잠시 우리 스스로를 너그럽게 대하고 따뜻하게 안아 주었으면 합니다. 양쪽 팔을 쭉 피시고, 뜨겁게 나를 안아 주세요."

비대면 교육임에도 선생님들은 화면 속에서 동일한 포즈를 취한다.

"자, 그리고 나에게 말해 주세요. 지금도 충분히 잘하고 있다고, 더 잘하지 않아도 괜찮다고요."

잠시 침묵이 흐르고 서로가 하나로 연결된 모습이 화면 가득 공유되었다. 그렇게 공유된 말과 마음은 비대면 교육임에도 대면 교육을 하는 것처럼 놀라운 몰입의 효과를 이끌어 냈다.

이따금씩 공황장애 증상이 다시 나타나는 것을 보면 나도 모르게 이런 말을 한다. '내가 회복과 성장을 말할 자격이 있나? 내 몸 하나 제대로 어쩌지 못하면서 말이야.' 모르게 한 그 말이 순식간에 마음을 저 바닥끝까지 끌고 내려간다. 그런데 또 다른 말이 이내 들려온다. '지연아, 아무것도 걱정하지 마. 네게 여전히 약함이 있기에 너는 또 누군가를 위로할 수 있고 겸손할 수 있는 계기가 되잖아. 괜찮아.' 의도적으로 했던 말들을 반복하면 습관이 되고 이렇게 무의식적으로 떠오르게 된다.

건강한 나를 만나고 삶을 변화시키고 싶다면 말을 변화시켜야 한다. 새롭게 시작하는 오늘의 말들이 습관이 되고, 무의식이 되면 과거를 지배하고 내 존재를 파괴했던 말들이 힘을 잃게 된다. 신경가소성의 원리다.

그러니 어제보다 조금 더 건강한 나를 만나길 원한다면 말을 새롭게 배워 보길 바란다. 습관에 젖어서 했던 나를 파괴하는 말보다 나를 살리는 말이 힘을 발휘할 수 있도록, 아이가 언어를 배우는 그 반복의 과정을 상기시키며, 어떤 말이 나의 세계가 되게 할 것인지 결정해야 한다. 나에게 하는 말이 고와지면 상대방에게 하는 말도 고와진다.

내가 나에게 평소 자주 하는 말을 적어 보세요.

어떤 열매를 맺게 될까요?

BTS는 세계적으로 유명한 가수가 되었다. 그들이 음악을 통해 세상으로 나아가는 행보도 멋지지만 BTS 리더인 김남준이 UN에서 한 연설이 특히 인상적이었다. 그의 말이 내 마음을 힘차게 두드렸다.

저는 제 이야기로 오늘 연설을 시작하려 합니다. 저는 대한민국 서울 근교의 도시인 일산에서 태어났습니다. 호수와 동산이 있는, 심지어 매년 꽃 축제가 열리는 아름다운 곳입니다. 저는 행복한 어린 시절을 일산에서 보냈고 평범한 남자아이로 자랐습니다. 경이에 찬 눈으로 밤하늘을 올려다보았고, 소년이 가질 법한 꿈을 꾸었습니다. 스스로를 세계를 구할 슈퍼히어로라고 생각하기도 했습니다. 우리의 초기 음반의 인트로 트랙 중 하나에는 이런 가사가 있습니다.

"아홉 살 때쯤 내 심장이 멈췄지."

되돌아보면 다른 사람이 나를 어떻게 생각하는지를 걱정하며, 타인의 눈으로 나를 바라보기 시작한 것이 바로 그때쯤인 것 같습니다. 저는 더 이상 밤하늘과 별들을 올려다보지 않았고, 꿈을 꾸는 일도 멈추었습니다. 대신 다른 사람들이 만든 틀에 나를 욱여넣으려고 했습니다. 곧 저는 제 목소리를 닫아버렸고 대신 다른 사람들의 말을 듣기 시작했습니다.

아무도 내 이름을 부르지 않았고, 저 자신 또한 마찬가지였습니다. 제 심장은 멈추었고 눈은 닫혀버렸습니다. 이런 식으로 내가, 우리가, 이름을 잃고 유령이 되었습니다.

그러나 제겐 유일한 피난처, 음악이 있었습니다. 음악은 제 안에서 '일어나. 일어나서 네 목소리를 들어' 라고 말하는 유일한 작은 목소리였습니다. 하지만 음악이 진정한 제 이름을 부르는 것을 듣기까지는 시간이 오래 걸렸습니다. 방탄소년단의 일원으로 함께하기로 결정한 후에도 수많은 장애물은 여전히 존재했습니다. 아마 믿지 않으시겠지만 대부분의 사람들이 우리 그룹엔 전혀 희망이 없다고 생각했습니다. 전부 그만두고 싶었던 적도 가끔 있었습니다. 그렇지만 그렇게 모든 걸 포기하지 않아서 다행이었다고 생각합니다. 단언컨대 나는, 우리는, 이렇게 앞으로도 실패하고 넘어질 것입니다.

방탄소년단은 지금 대형 스타디움에서 공연하며 수백만 장의 표를 파는 그룹으로 성장했지만 저는 여전히 평범한 스물네 살의 청년입니다. 제가 어떤 성취를 이루어낸 것이 있다면, 그것은 방탄소년단의 다른 멤버들이 제 곁에 있었기 때문이고, 전 세계 아미분들이 사랑과 지지를 보내 주신 덕분에 가능했던 것입니다.

어제의 제가 실수를 저질렀을지도 모르겠습니다. 그렇지만 그 어제의 나도 나입니다. 오늘의 나는 내 모든 흠, 그리고 내가 한 모든 실수와 함께하는 나 자신입니다.

내일의 나는 아마 오늘보다 아주 조금 더 현명해질지도 모르나, 그도 또한 나일 것입니다. 이런 모든 흠과 실수가 곧 나 자신이고, 곧 내 삶의 별자리에 가장 빛나는 별들입니다. 저는 지금의 나 자신과 과거의 나, 그리고 미래에 되고 싶은 나까지 모두 그대로 나를 사랑하는 법을 배웠습니다.

– BTS 김남준의 UN 연설문 중에서

자신의 존재를 소개하는 그의 말은 영향력이 있었다. 심장을 두근거리게 한 그의 말이 듣는 우리로 하여금 우리의 인생을 대신 읽어 주는 듯한 착각에 빠져들게 했다. 그의 이야기가 나의 이야기로 들린 것이다. 어제의 흠까지 포함한 '소중한 나'라는 존재를 생각하며 그처럼 나와 내 삶을 사랑하는 말들을 해 보았으면 한다.

슬기로운 말의 표현

나사렛대학교 사회복지대학원에서 겸임교수로 재직하던 시절, 지금의 김지애 코치를 만났다. 그녀는 무척이나 동안이었다. 그녀의 밝고 씩씩한 성격의 영향인지도 모르겠다. 첫날, 뇌병변장애로 휠체어를 타고 수업에 들어오던 그녀와 나눈 대화가 지금도 기억난다. 쉬는 시간에 그녀를 돕고자 몸을 바삐 움직이던 내게 부드럽지만 힘 있는 음성으로 말을 건넸다. "교수님, 저를 무조건 도와주려고 하지 마세요. 도움을 주고 싶으시거든 제게 먼저 물어봐 주세요." 그 말을 듣고, 요청이 있기도 전에 장애인은 도움이 필요한 존재이니 내 마음대로 도우려 했다는 것을 깨달았다. 장애인에 대한 편견이 없다고 생각했던 나 자신에 대해 다시 생각하게 되었다.

경상북도 구미에 사는 김지애 코치는 기차로 등하교해야 했지만 100%에 가까운 출석을 자랑하며 성실한 모습을 보여 주었다. 이후 코치 시험에도 당당하게 합격하고 장애학생들의 멘토가 된 그녀의 모습은 다른 이들에게도 선한 영향력이 되었다. 긍정의 에너지를 전하며, 넘어져 힘겨워하는 학생들과 함께 일어서는 활동에 진심을 다했다. 그리고 현재 구미 장애인식개선교육센터의 장으로 활동하며 멋진 리더십을 보이고 있다. "모든 사람이 다르다. 사람마다 고유의 특성인 개성을 가지고 있으며 장애도 사람이 지닌 고유한 특성인 개성이다." 김지애 코치가 장애인 인식개선 교육을 통해 중요하게 전달하는 메시지다.

모 기관에서 장애인과 비장애인이 함께 교육을 받았다. 그런데 그날 교육을 맡은 강사분의 말이 체한 것처럼 마음에 걸려 교육이 끝나도 내려가지 않았다. "장애인이나 저와 같은 정상인이나 모두 같은 사람입니다." 이 이야기를 다시 펼쳐 보면 비정상(장애인)이나 정상(비장애인)이나 모두 같은 사람이 된다. 정상과 비정상의 범주와 기준을 어떻게 내릴 수 있을까. 사람을 이렇게 이분법적으로 나누는 것이 앞으로 우리가 살아가고 싶은 세상의 모습은 아닐 것이다. 그래서 나처럼 대중들에게 강의를 업으로 하는 분들은 특별히 더 바르게 알기 위한 배움과 노력을 지속적으로 해 나가야 한다고 생각한다. 기존에 알고 있던 대상을 새로운 관점으로 바라보고, 표현하는 언어도 변화시키는 노력이 필요하다. 특히 장애인에 대해 바르게 알고 이해하며 관계를 만들어 나가고 싶다면 한국장애인고용공단이 제공하는 장애인 인식개선 교육의 도움을 받기를 추천한다. 배움이란 참 놀랍고 신기한 영역이다. 듣고 생각하고 이해하게 되면 어떤 단어를 사용해 말을 해야 하는지 조금씩 알게 된다. 언어의 변화는 약방에 감초처럼 더 나은 코칭 현장을 만들어 준다.

말로 구성된 이야기에 존재하는 틈

우리는 말을 통해 이야기를 전달한다. 코칭 대화에서도 이야기는 매우 중요한 요소다. 어떤 이야기를 끌어내느냐에 따라 코칭의 방향과 결과가 달라지기 때문이다. 회복과 성장을 목적으로 하는 리질리언스 코칭에 있어서도 과거를 지혜와 교훈의 관점으로 해석한 이야기, 원하는 미래를 구체화하는 이야기, 원하는 미래를 오늘에 그리는 이야기의 중요성을 언급하지 않을 수가 없다. 그렇다면 이야기란 무엇이고, 우리가 하는 이야기는 언제나 정확하고 옳은 것인지 함께 살펴보도록 하자.

이야기란 사실과 생각이 서로 엮이어 언어로 구성되고 표현된 것이다. 이야기는 그 맥락과 관점이 큰 영향을 끼치기 때문에 전부가 객관화된 사실일 수는 없다. 이야기 상담의 선구자인 마이클 화이트Michael White도 이야기 자체에 채워져야 할 공간이 많이 있다고 했다. 그 말의 의미를 아서 브룩스Arthur C. Brooks의 주장에서도 살펴볼 수 있다. 화자가 사용하는 언어적 한계나 문화적인 것들로 인해 어떤 이야기든지 그 이야기가 내포하는 의미나 표현하고자 하는 것이 온전히 드러나기가 쉽지 않다. 내가 보고, 느끼고, 알고 있는 것이 전부라는 오류에 빠져 불필요한 오해와 갈등을 유발할 수 있다. 그러므로 우리가 하는 이야기에 한계가 있음을 인식해야 한다. "당신은 모르겠지만 내 눈에는 다 보인다"는 말이 제일 무서운 말이다.

16세기 영국의 철학자 프랜시스 베이컨Francis Bacon은 인간의 불완전한 인지능력에 대해 일찍이 지적한 바가 있고, 하버드대학교 심리학자인 대니얼 사이먼스Daniel Simons는 '보이지 않는 고릴라' 실험을 통해 사람의 인지능력에 한계가 있다는 것을 설득력 있게 설명했다. 눈에 보이는 세상의 특정한 움직임에 집중하고 있을 때 예상치 못한 사물이 나타나면 이를 잘 알아차리지 못하는 인식의 오류가 발생한다. 우리가 보고자 하는 그 무엇에 몰입되면 주변에서 일어나는 상황과 다른 사물이 주는 정보를 쉽사리 알아채지 못한다는 것이다. 눈앞에서 일어난 일임에도 인식하지 못하면 없었던 일이 되기도 한다.

뇌는 우리 몸의 모든 감각세포를 통해서 1초에 약 200만 비트의 정보를 받아들인다. 200만 비트의 정보가 얼마나 되는지 감이 잡히질 않아서 찾아보니 영어단어로 보면 약 5만 단어가량이라고 한다. 우리의 뇌가 눈 깜빡할 사이에 그렇게 많은 정보를 받아들이고 있다는 사실에 실로 놀라움을 금치 못했다. 그러나 놀라움도 잠시, 실제 그 정보 중에서 우리가 인식하게 되는 정보는 겨우 134비트 정도라고 한다. 134비트의 용량은 약 7개의 숫자를 기억하는 정도다. 즉 우리 뇌가 받아들이는 정보 중에서 0.01% 정도만을 인식하고, 나머지 99.99%는 인식하지 못하는 것이다. 이러한 과정을 필터링Filtering이라고 한다. 이를 통해 우리는 정보를 선택적으로 수집한다는 것을 알 수 있다.

이러한 사실들은 우리의 기억과 경험을 담은 이야기에 한계가 있음을 여실히 보여 준다. 내가 하는 이야기, 다른 누군가가 내게 들려 주는 이야기는 완전할 수 없고 보이지 않는 구멍이 존재한다. 옳다고 확신하여 결정한 일도 시간이 지나면 달리 생각하게 되고, 인생의 경험이 쌓이면 과거의 이야기가 다시 보이게 되는 것도 같은 이치다. 우리는 이런 한계를 인식하고 이해하며 인정하는 지혜가 필요하다. 다른 사람의 이야기는 둘째치고서라도 나의 이야기에 틈이 존재할 수 있다는 인식을 가지고 다시 살펴야 한다. 다시 살핀다는 건 생각을 입 밖으로 내기 전에 찬찬히 다시 생각해 보는 것이다.

그럼에도 불구하고 중요한 이야기

이야기에 한계가 존재함에도 코칭에서 이야기가 중요한 이유가 있다. 이야기가 사람과 사람을 연결하기 때문이다. 이야기는 눈에 보이지 않지만 마치 살아 있는 생명체처럼 운동력을 갖는다. 이야기가 시작되면 관계의 공간이 열린다. 관계의 공간이 안전해지고 편안해지면 이야기가 풍부해지고 깊어진다. 반면 그 공간이 불편하고 어색해지면 이야기는 수명을 다하고 깊이는 얕아지게 된다. 풍부한 이야기가 있는 관계의 공간은 상호 신뢰 관계가 이루어질 가능성이 높다.

올해로 4년째 청소년 그룹홈 자립지원코칭을 운영하고 있다. 경제적인 어려움, 아동학대, 부모의 방임 혹은 유기 등의 이유로 더 이상 가정에서의 생활이 어려운 아동들이 사회복지사와 가정의 모습을 그리며 생활하는 곳이다. 그룹홈으로 코칭을 가는 코치들에게 교육 전 항상 당부하는 것이 있다. 먼저 아동들과 풍부한 이야기를 나누라는 것이다. 자립에 필요한 기술들을 가르쳐 아동들의 자립을 돕는 것이 목적이지만 열리지 않은 마음은 지식과 유용한 정보가 노크해도 문을 잘 열어 주지 않는다. 그룹홈마다 코칭 시 나타나는 아이들의 반응은 저마다 다르다. 밝고 명랑하며 자기 표현력이 높은 아동들이 있는 그룹홈도 있고, 1년째 말 한마디 하지 않고 무반응으로 일관하는 아동들이 있는 그룹홈도 있다. 그렇게 말 한마디 하지 않고 무반응을 보이는 아동들도 사실 1년이란 시간 동안 코치들을 찬찬히 지켜보고 있다. 코치들에게 관계의 공간을 열어도 되는지 확인하는 것이다. 그렇게 안전한지 확인이 되어야 이야기가 가능해진다. 코치들이 진심 어린 태도로 변함없이 따뜻하게 대하고 그들의 이야기를 듣고자 한다면 아동들은 어느 순간 스스럼없이 풍성한 이야기의 꽃을 피우기 시작한다.

그중에 얌전해 보이던 여자아이가 있었다. 이 아이가 어느 날 나를 찾아와 이렇게 이야기하는 것이다. "코치님, 저는 용서와 인내라는 강점을 갖고 싶어요. 마음이 정말 아픈데, 이 아픈 마음을 인내하고 살다보면 언젠가 용서도 할 수 있을 것 같거든요." 이 아이는 아빠와 단둘이 살고 있었다. 그런데 학교에서 성교육을 받게 되면서 아빠로부터 성폭력을 당하고 있다는 사실을 깨닫게 되었고, 상담 선생님과의 상담을 통해 아빠와 분리되어 그룹홈에서 생활하게 되었다. 아빠로 인해 아프게 된 마음을 인내하며 살고 싶고, 언젠가는 아픔을 주었던 아빠를 용서하고 싶다는 깊은 이야기였다. 아이의 진심 어린 말이 내 마음에 눈물이 되었다. 아이 앞에서는 그런 마음에 공감하고 응원했지만 코칭을 마치고 돌아 나오는 길목에서 눈물을 훔쳤다. 인내와 용서를 향해 나아가는 아이의 용기 어린 이야기가 감동을 주었고 작은 상처도 용서하지 못했던 내 모습이 부끄러웠다. 손해 보는 삶이 감사가 되게 해 달라고 기도했던 모습은 온데간데없이 작은 손해에도 부르르 화를 내던 내 모습이 떠올랐다. 나와 같이 풍성해진 이야기 속에 관계의 공간이 열린 경험을 한 코치들은 그 기쁨을 말로 다 표현하지 못한다. 이렇게 아이들의 마음을 열기 위한 기다림은 코치들에게도 강력한 훈련의 시간이 되기도 한다.

남편과 함께 『쇼미더머니』라는 TV프로그램을 즐겨 보곤 했다. 꿈을 향한 사람들의 도전적인 외침이 왠지 방송을 보는 내게도 에너지가 되었다. 대한민국의 보이그룹 IKON의 메인 래퍼를 맡고 있는 바비의 「연결고리」라는 곡에 다음과 같은 가사가 있다.

> 너와 나의 연결고리
> 이건 우리 안의 소리
> 너와 나의 연결고리
> 이건 우리 안의 소리
>
> – 바비BOBBY의 노래 「연결고리」 중에서

이 가사가 코칭 안에서 이루어지는 이야기의 중요성을 생각하게 한다. 이야기는 코치와 피코치를 연결하는 고리가 되고, 연결고리가 된 이야기는 더 이상 너만의 이야기가 아닌 우리의 이야기가 된다. 우리의 이야기가 되었다는 건 관계가 친밀해졌다는 것이다. 이야기는 이렇듯 사람과 사람을 이어주는 강력한 연결고리가 된다.

의미 중심의 이야기

리질리언스 코칭에서 하고자 하는 이야기는 문제에 갇힌 이야기가 아니다. 이야기는 달라질 수 있다. 내가 어떤 의미를 부여하느냐에 따라 이야기는 다시 방향을 설정할 수 있다. 빅터 프랭클은 실패라고 여겨지는 역경을 바꿀 수 있는 건 삶의 의미라고 했다. 불행하다고 여겨지는 과거의 이야기도 현재의 우리가 어떻게 의미를 부여하느냐에 따라 그 모습이 달라진다는 것이다. 목사이자 학자인 유진 피터슨Eugene H. Peterson은 묵상 중 자신에게 이런 질문을 던졌다고 한다.

'내 삶에 변화를 가져다 준 이들은 누구인가? 바로 나를 변화시키려 애쓰지 않았던 이들이다.' 그의 변화를 방해했던 인물들이 결국은 그를 변화시켰다는 것이다. 어쩌면 나를 가장 힘들게 했던 사람이 나를 가장 성장하게 하였는지도 모르겠다.

센터를 설립하기 전, 처음에는 회복과 성장을 가치로 추구하는 사람들과 스터디 룸을 빌려서 모임을 진행했다. 그런데 점차 모임이 잦아지게 되면서 공간이 필요해졌다. 내 꿈의 후원자인 가족들의 도움으로 실제적인 운영을 시작하게 되었다. 하지만 알지 못해서 겪게 되는 실패와 어려움이 곳곳에 존재했다. 기대감으로 시작했던 센터 운영은 철저하게 부족한 내 모습을 확인하는 시간이 되어 갔다. 모두 그만두고 정리해 버리고 싶은 날도 있었다. 관계가 깨지는 상황들을 연거푸 경험하며 어떤 날은 한 발자국도 앞으로 나아갈 수가 없었다. 두려움과 실패의 감정이 존재의 전부인 것 같은 느낌이 지배하는 날도 있었다. 마치 아무도 없는 광야에 홀로 버려진 느낌이었다. '함께 갈 이들이 있어 시작한 일인데 왜 나는 이렇듯 홀로 남겨진 느낌일까?' 그때 우연히 듣게 된 곡이 있다.

왜 나를 깊은 어둠 속에 홀로 두시는지

어두운 밤은 왜 그리 길었는지

나를 고독하게 나를 낮아지게

세상 어디도 기댈 곳이 없게 하셨네.

광야, 광야에 서 있네.

주님만 내 도움이 되시고

주님만 내 빛이 되시는

주님만 내 친구 되시는 광야.

주님 손 놓고는 단 하루도 살 수 없는 곳

광야, 광야에 서 있네.

…

주께서 나를 사용하시려

나를 더 정결케 하시려

나를 택하여 보내신 그곳 광야.

성령이 내 영을 다시 태어나게 하는 곳.

광야, 광야에 서 있네.

내 자아가 산산이 깨지고

높아지려 했던 내 꿈도 주님 앞에 내어놓고

오직 주님 뜻만 이루어지기를

나를 통해 주님만 드러나시기를

광야를 지나며.

- 히즈윌의 노래「광야를 지나며」

봄 햇살이 가득한 어느 날, 센터에서 창밖을 바라보는데 마음의 창이 열리며 깊은 곳에서 이런 질문이 들려 왔다. '처음 이 일을 시작했을 때와 지금의 너에게 어떤 변화가 있지?' 그 질문에 스스로 답을 찾으려 생각에 잠겼다. 그리고 가만히 답을 해 보았다. '어떤 상황에서도 포기하지 않고 나는 가고 있구나. 과거에 겪었던 문제들이 가져다 준 건 두려움과 실패의 감정만이 아니구나. 나는 어제보다 조금씩 더 나아지고 있고, 완벽이 아니라 성장을 향해 가고 있구나.' 오늘 이 시간에 생각하는 과거의 의미가 달라지자 관점이 변하기 시작했다. 내 과거의 어둠과 상처는 두려움과 실패가 아닌 포기하지 않는 모습과 성장이었던 것이다. 사실 과거의 아픔은 원하는 미래를 여는 성장의 보물창고다. 포기하지 않고 무소의 뿔처럼 뚜벅뚜벅 제 걸음으로 걸어 나가다 보면, 매일 그리는 오늘이, 꿈이 이루어진 내일이 되어 내 삶의 이야기가 되어 준다.

코칭에서는, 과거보다는 원하는 미래를 그리고 그것을 구체화시키는 데 더 많은 에너지를 집중해야 한다고 한다. 그러나 실제 코칭 현장에서는 과거에 사로잡혀 내일을 그리는 것을 어려워하는 고객들이 많았다.

『이너게임』에서 골웨이는 선수의 성과(원하는 미래)를 만드는 데 방해가 되는 심리적 요소들을 제거하거나 감소시키기만 해도 잠재되어 있던 역량이 발휘될 수 있다고 이야기한다. 부정적으로 해석되었던 과거의 이야기들을 지혜와 교훈으로 재해석할 수 있다면 과거는 더 이상 심리적 방해 요인이 되지 않을 것이다. 코칭에서 과거의 이야기를 다루는 것은 과거의 문제를 완전히 해결하려는 목적이 아니다. 과거의 이야기를 의미 중심으로 프레임해서 원하는 미래를 그리려 하는 것이다.

- 여러분은 과거의 어떤 이야기를 의미 중심으로 다시 그려 보고 싶으신가요?
- 다가올 내일의 이야기는 또 어떤 그림이 되기를 원하시나요?
- 다가올 내일을 위해 오늘 우리는 어떻게 살아야 할까요?

04

공감

Resilience Coaching

마음에 눈 맞춤을 위한 퍼즐
공감

....

"공감이란, 다른 사람이 경험하는 것을 존중하는 마음으로 이해하는 것입니다. 우리는 공감을 하기보다는 충고하거나 안심시키려 하고 자기 자신의 입장이나 느낌을 설명하려 하는 경우가 많습니다. 그러나 공감은 자신의 마음을 비우고 존재대로 다른 사람에게 귀 기울이는 것입니다."

— 마셜 로젠버그(비폭력 대화 창시자)

남편과 가장 친했던 동료가 자살로 생을 마감하는 일이 있었다. 연락이 두절된 그를 찾기 위해 그가 있을 만한 장소에 경찰과 동행한 남편은 친구의 죽음을 자신의 눈으로 직접 확인하게 되었다. 그 일은 긴 시간 남편을 참 아프고 힘들게 했다.

여러 날이 지나도록 일상생활을 제대로 해 나가지 못하는 남편을 지켜보는 일은 내게도 참으로 괴로운 시간이었다. 동료를 잃은 슬픔과 죽음에 대한 공포가 극에 달한 모습이 보였지만 남편은 어떤 말로도 자신의 감정을 표현하지 않았다. 지금껏 그렇게 감정이라는 것, 더욱이 부정적이고 불편한 감정은 억누르고 살아가는 것을 당연하게 여기며 살아왔기 때문이다. 공허한 눈빛으로 하루하루를 보내는 남편을 그대로 두어서는 안 된다고 생각했다. 나 역시 가짜 감정을 만들어 스스로 가면을 쓰고 나를 아프게 한 적이 있기 때문에 남편의 감정을 함께 직면하는 데는 용기가 필요했다. 하지만 감사하게도 감정을 직면하는 두려움보다 남편에 대한 안타까움과 사랑이 더 컸던 것 같다.

상담을 받고 약을 처방받았지만 큰 도움이 되지 못했다. 출근도 하지 못하는 남편을 붙들고 마음이 어떤지 물었다. 내 질문에 남편은 말을 하지 않거나 잘 모르겠다는 이야기를 반복했다. 과거에 내가 아팠던 시간이 떠올랐다. '그래, 정말 모를 수도 있고 몰라도 괜찮은 거야. 내 생각대로 힘들고 고통스러운 저 사람의 마음을 쉽사리 판단하지 말자. 자책하고 있는 그의 아픔을 아니라고 부정하지도, 쉽게 털고 일어나라고도 하지 말자'고 생각하며 있는 모습 그대로의 남편을 이해하고 공감하기 위해 그의 옆에 머물며 기다렸다. 그러던 어느 날, 남편이 내게 어렵게 입을 열었다. "나 사실 정말 슬프고 무서워. 죽음의 현장이 눈에 아른거려. 나보고 어떻게 살라고 그런 마지막 모습을 보였을까? 나를 데려가려고 하는 것 같아. 내가 점점 미쳐가는 게 아닌지 두려워."

나는 남편의 이야기에 "그래 여보, 정말 슬프고 무서웠겠어요. 그런데 당신이 그러는 건 미쳐가는 게 아니라 당연한 거예요. 소중한 사람을 잃었고 직접 눈으로 봤는데 어떻게 그런 생각을 하지 않겠어요." 그리고 슬프면 울어도 괜찮다고 말해 주었다. 단 한 번도 울어도 된다는 세상 속에 살지 못했던 남편은 그제야 그간 꾹꾹 참아 온 눈물을 뱉어내기 시작했다. 그렇게 우리 부부는 떠난 동료에 대해 이야기를 나누며 몇 날

며칠을 이별의 슬픔에 서로 공감하며 함께 울었다.

　내가 이렇게 남편의 마음에 눈을 맞추고 공감할 수 있었던 것은 사랑하는 마음과 더불어 사람에게 있는 거울 신경Mirror Neuron 덕분이라고 한다. 거울 신경은 타인의 마음이나 의도를 이해하고 공감하는 데 매우 중요한 바탕이 된다. 거울 신경은 우리가 직접 행동을 행할 때도 발화하지만 다른 사람이 그와 유사한 행동을 할 때도 발화하는 세포들이다. 발화한 세포들이 뇌에서 감정을 담당하는 변연계동기와 정서를 주로 담당하는 기관를 자극해 다른 사람이 느끼는 감정까지 함께 느끼도록 해 준다.

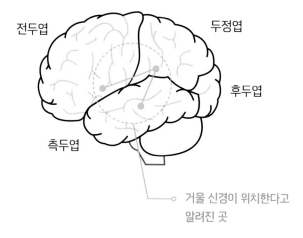

전두엽

두정엽

후두엽

측두엽

거울 신경이 위치한다고
알려진 곳

영국의 심리학자 사이먼 배런코언Simon Baron-Cohen은 '공감 제로'라 부르는 특성을 보이는 사람은 전체 인구의 2%에 지나지 않으며 98%의 사람은 천성적으로 상대의 마음을 이해하는 공감능력을 갖고 있다고 했다. 신경과학자들은 우리 두뇌 속에 10개의 구역으로 이루어진 공감회로를 밝혀내며 사람에게는 이기적인 내적 충동만 있는 것이 아니라 강력한 공감적 측면이 존재한다는 사실도 확인시켜 주었다. 자연스럽게 우리는 누군가에게 공감할 수 있는 존재라는 것이다.

피아제Piaget의 인지발달이론에 따르면 공감이란 단순한 감정이입을 넘어 자기 관점이 아닌 다른 관점에서 생각할 수 있는 인지능력을 의미한다. 공감능력이 발달하지 못한 전 조작기2~7세 아이들은 자신의 위치에서 본 산의 모양과 자신의 반대편에서 본 산의 모양이 같을 거라고 생각한다. 이는 발달단계상 전 조작기 아동들의 특성인 '자기중심성'이 극복되지 않았기 때문이다. 내가 보거나 느끼는 대로 다른 사람들도 동일하게 보고 느낄 것이라고 생각하는 자기중심적 사고다. 안타까운 현실은 전 조작기에 보이는 아동의 특성이 이 시대 어른들에게도 만연하다는 것이다. 자기중심적 사고는 타인의 입장을 생각하지 않으며 타인의 고통을 경홀히 여긴다. 자신의 말과 행동이 타인에게 어떤 상처와 고통을 줄 수 있는지 고려하지 않는다.

공감 전문가이자 철학자인 로먼 크르즈나릭Roman Krznaric은 『공감하는 능력』에서 20세기가 자기 내면을 들여다보는 것에 집중하는 내성Introspection의 세기라고 말한다. 그러면서 21세기는 타인들의 삶을 살펴는 외성Outrospection의 시대로 만들어야 한다고 이야기한다. 내면을 보는 내성과 타인을 살피는 외성 사이에서 균형을 찾기 위해 가장 중요한 것은 공감이다. 회복을 이룬 우리는 이제 공감이라는 도구로 다른 이들의 성장을 돕고 외성의 균형을 찾는 선구자가 될 수 있다.

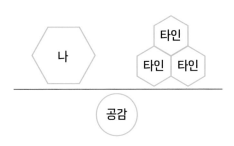

이 나라에서 연방재정이 적자라는 이야기는 많이들 합니다. 하지만 나는 우리에게 공감능력이 결여되었다는 이야기를 더 많이 해야 한다고 생각합니다. 그것은 다른 누군가의 처지가 되어 보고 우리와 다른 사람의 눈으로, 배고픈 아이들의 눈으로, 해고된 철강 노동자의 눈으로, 당신 기숙사 방을 청소하는 이민 노동자들의 눈으로 세상을 바라보는 일입니다.

우리는 공감을 장려하지 않는 문화에 살고 있습니다. 우리 문화는 일생에 가장 중요한 목표가 부자가 되고 날씬해지고 젊어지고 유명해지고 안전과 여흥을 누리는 일이라는 말을 지나치게 자주 합니다.

– 2008년 버락 오바마 미국 대통령 선거운동 연설문 중에서

물론 배고픈 아이들, 철강 노동자, 이민 노동자의 눈으로 바라보는 공감도 중요할 것이다. 그러나 거창한 개념의 공감이 아니라도 내가 살아가는 세상 속 가장 가까이에 있는 사람들에게 공감을 실천해 보는 건 어떨까. 그 사람의 처지가 되어 보고, 그 사람의 눈으로 세상을 바라보는 의지적인 공감이 필요한 세상이다. 우리는 자기중심성에서 벗어나 공감을 통해 넘어진 나와 타인을 일으켜 세울 필요가 있다. 무너져 갔던 남편을 일으켜 세웠던 힘도 무조건적인 공감이었다고 믿는다. 그만큼 공감은 강력한 회복의 성장제가 되어 준다.

스스로 답을 찾는 용기가 되는 공감능력

뇌 구조를 이해하면 공감의 중요성을 좀 더 쉽게 이해할 수 있다. 1960년대 뇌과학자였던 폴 맥린 박사는 사람의 뇌가 크게 3개의 층으로 이루어져 있다는 것을 밝혀냈다. 지하 1층은 뇌간으로 '원초적인 뇌'라고도 한다. 뇌간은 호흡, 혈압 조절, 체온 조절, 심장 박동 등 생명을 유지하는 데 필요한 기능을 담당한다. 1층은 변연계로 '감정의 뇌' 혹은 '포유류의 뇌'라고도 한다. 주로 감정을 다스리고 기억을 주관하며 호르몬 분비를 담당한다. 2층은 대뇌피질로 '이성의 뇌'라고도 한다. 이마 뒤 약 3분의 1을 차지하는 전두엽은 생각하고 판단하며 고도의 정신 기능과 창조 기능을 담당한다.

뇌의 3층 구조

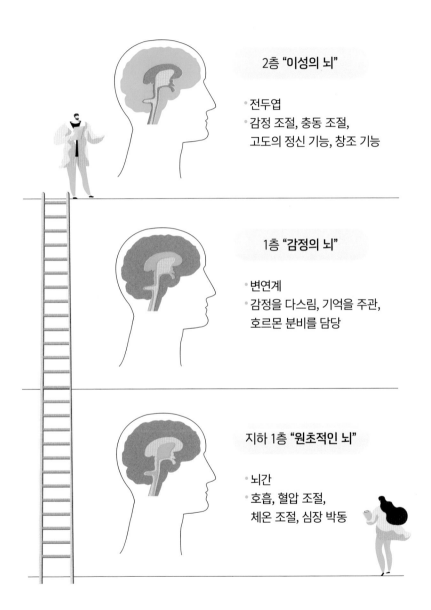

2층 "이성의 뇌"

· 전두엽
· 감정 조절, 충동 조절,
  고도의 정신 기능, 창조 기능

1층 "감정의 뇌"

· 변연계
· 감정을 다스림, 기억을 주관,
  호르몬 분비를 담당

지하 1층 "원초적인 뇌"

· 뇌간
· 호흡, 혈압 조절,
  체온 조절, 심장 박동

대다수의 사람들은 감정이 이성적 판단을 방해한다고 생각한다. 그러나 생각의 뇌, 이성의 뇌인 전두엽이 제 기능을 발휘하기 위해서는 감정의 뇌가 충분히 제 역할을 해 주어야 한다. 계단만 있는 건물의 2층에 가려면 반드시 1층을 거쳐야 하는 것처럼 이성의 뇌인 전두엽이 기능하려면 감정의 뇌인 변연계에서 먼저 감정을 수용하고 공감해야 한다. 그래야 전두엽에서 합리적으로 생각하고 행동을 선택할 수 있다.

부모나 보육교사를 대상으로 코칭 교육을 진행하면 훈육에 대한 주제가 자주 언급된다. 아이들이 실수하거나 잘못할 때 간혹 우리는 "너 또 그러면 혼난다. 잘못했어, 안 했어?"라고 한다. 그런데 여기에서 결정적인 실수가 드러난다. 바로 아이들은 혼나야 할 대상이 아니라 배움이 필요한 대상이라는 것이다. 훈육의 목적은 바른 것을 가르치려는 것이다. 그런데 위와 같은 말은 아이들에게 위협적으로 들린다. 이렇게 아이들이 위협을 느껴 두렵고 무서운 감정을 먼저 경험하게 되면 행동의 변화를 이끌어 내는 이성의 뇌인 전두엽이 무력화된다. 대신 원초적이며 포유류의 뇌인 뇌간이 활성화된다. 투쟁 도피 반응을 일으켜 아이들이 얼어 있거나 도망치거나 반항하게 만드는 것이다. 『언락UNLOCK』의 저자인 스탠퍼드대학교의 조 볼러Jo Boaler 교수는 공포를 느끼는 영역이 활성화되면 문제 해결을 담당하는 뇌 영역의 활동이 감소하고 걱정하는 그 순간부터 뇌가 훼손된다고 했다. 이런 상황은 우리가 원하는 방향으로 나아가는 데 장애가 될 뿐이다.

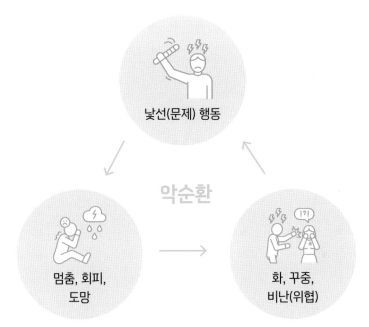

낯선(문제) 행동

악순환

멈춤, 회피,
도망

화, 꾸중,
비난(위협)

그렇다면 생각과 행동에 변화를 일으키는 이성의 뇌를 깨우기 위해서
는 어떻게 해야 할까? 다음 보육교사 대상 코칭 교육 시 사용한 사례를
통해 알아 보자.

01. 상황

어린이집 간식으로 치즈가 나왔다. A 아동이 본인의 치
즈를 다 먹고 아직 간식을 먹지 않은 친구의 치즈에 손
을 대다 선생님과 눈이 마주쳤다.

02. 공감

A가 치즈가 더 먹고 싶었구나.
(친구의 치즈에 손을 대려던 것을 먼저 이야기하는 것
이 아니라 근본적인 의도를 바라보고 공감)

03. 변화가 필요한 태도에 대한 정보와 체계 제공

그건 친구도 먹어야 해서 안 되고 선생님 거 있는데
이걸 먹는 게 어떨까?

위의 사례에서 어린이집 선생님은 아이가 친구의 간식을 먹으려는 태도에 집중하는 것이 아니라 치즈를 더 먹고 싶어 하는 의도에 먼저 공감해 주었다. 본래 의도에 먼저 공감해 주면 아이의 마음에 안전감이 형성된다. 그렇게 안전해지면 행동 변화를 위한 이성의 뇌가 눈을 뜬다. 그다음에 선생님이 하는 변화가 필요한 태도에 대한 정보가 귀에 들린다. 아이는 친구의 것이 아닌 선생님의 치즈를 먹는 방향을 선택하게 되는 것이다. 그런데 이런 공감의 효과는 아동을 교육할 때만 필요한 것이 아니다. 직장에서 리더가 조직원의 행동 변화를 이끌어 내야 할 때, 관계 안에서 개선이 필요한 상황에서도 적용된다. 지하 1층의 원초적인 뇌가 아닌 2층의 이성의 뇌를 깨우는 데 있어서 공감은 핵심적인 영향력을 갖는다. 따라서 우리는 보이는 문제에 집중하기보다 그 문제 너머 존재 안에 있는 의도에 공감해야 한다. 사람들은 문제 너머에 있는 의도에 공감하는 것을 어려워하고, 때로는 불필요하게 느끼기도 한다. 그러나 보이는 태도에만 집중하며 판단하고 변화를 요청하는 것은 강압적으로 느껴질 수 있다. 그렇게 되면 관계의 공간이 열릴 기회를 놓치게 된다.

공감을 통해 분위기가 개선되어 더 나은 관계를 만들어 나갔던 경험이 있다. 시각장애인 복지기관에서 취업 코칭을 요청해 교육을 진행하러 갔을 때의 일이다. 한 남성분이 내게 몹시 성난 목소리로 "강사님, 교육 시작 전이니까 하나 물어봅시다" 하고 말을 건넸다. "내가 말이요. 5년 전에 사고를 당했습니다. 병원에서 나는 소독약 냄새가 코를 찔러 눈을 떴습니다. 나는 분명 눈을 떴는데 안개가 자욱한 것처럼 모든 사물이 흐리게 보이는 게 아니겠소. 어지럽고 속이 메스꺼워 몸을 일으키고 싶은데 잘 되지 않았습니다. 갑자기 울컥 화가 나서 침대에서 뛰어 내렸는데 몸이 균형을 잡지 못하고 바닥으로 고꾸라지는 게 아니겠습니까? 내 몸이 이전 같지 않다는 걸 그때 알았습니다. 한쪽 발이 사라진 걸 알고 얼마나 기가 막혔는지 모릅니다."

그분이 잠시 숨을 고르는 사이, 그제야 책상 아래 의족을 착용한 발이 눈에 들어왔다.

"나는 아내도 있고 자식도 있습니다. 그래서 장애를 가지고도 이 일저 일 해 보려 죽을 만치 힘든 노력해 왔습니다. 세상은 넓다 하는데 나같은 사람은 설 곳이 없습니다. 나 같은 사람은 도대체 어떻게 살아야 하는 겁니까? 취업에 대해 교육하러 왔다고 하셨으니 답 좀 해 보세요!"

그분의 성난 목소리는 나를 향한 분노도 비난도 아니었다. 그분의 말이 조금도 불편하게 다가오지 않았던 이유는 그분이 경험한 세상과 그세상에서 느꼈을 감정이 고스란히 내게도 스며들었기 때문이다. 나도 모르게 자연스럽게 공감이 일어난 것이다.

그 어떤 이야기도 그분에게 현명한 답이 되지 못하리라는 것은 짧은 생각에도 알 일이었다. 숨을 크게 내쉬고 그분께 진심을 담아 이야기했다.

"속 시원한 답변을 드리지 못해 죄송한 마음입니다. 쉽사리 선생님의 상황과 마음을 이해한다는 이야기도 하지 못하겠습니다. 그럼에도 불구하고 선생님의 상황과 마음을 조금이나마 이해해 보고 싶은데, 오늘 이 교육 시간에 제게 그런 기회를 주시겠습니까?"

내 이야기를 듣던 그분은 잠시 의아한 표정을 지었다. 진심이 전달된 것인지 거칠던 숨결이 차분해져 가는 게 느껴졌다. 교육을 진행하면서 틈이 나는 대로 그분이 자신의 마음을 충분히 이야기할 수 있도록 질문했다. 그분의 말씀을 자세히 듣고 이해하고 싶었기 때문이다. 이해가 되면 공감할 수 있는 법이다. 그렇게 인지적 공감을 위해 노력했다. 내가 할 수 있는 최선을 다한 시간이었다. 그분은 교육이 끝나고 뒤에서 기다리던 부인과 손을 잡고 내게 다가오셨다.

"코치님, 시작할 때 불편하게 해 드려서 미안합니다. 오늘 교육 참 즐거웠어요. 참여하신 분들이 제 이야기를 모두 들어 주시고 따뜻하게 공감해 주신다는 것을 느꼈습니다. 다음에 꼭 또 오세요. 고맙습니다."

이후 장애인들과 취업 코칭을 통한 만남이 이루어질 때마다 그분이 주신 질문에 대한 답이 내게 있었으면 좋겠다고 생각했다. 명쾌한 답은 찾지 못하더라도, 공감은 적어도 방법을 찾으러 가는 걸음에 힘을 실어 준다.

"공감은 다른 사람이 아닌
바로 내가 스스로 답을 찾는 용기를 갖도록 한다."

정확한 공감으로 가는 징검다리, 공감질문

그렇다면 공감은 어떻게 해야 할까?『당신이 옳다』의 저자 정혜신 박사는 공감은 배워야 하는 것이라고 했다. 물론 우리는 다른 사람에게 자연스럽게 공감할 수 있는 존재들이지만 감정적으로 슬픈 장면을 보고 울컥해 눈물을 흘리는 것만이 공감이라 단정 지을 수 없다. 진정한 공감은 자세히 알고 이해하는 과정이 필요하다.

정혜신 박사는 공감을 "나 외의 다른 존재가 처한 상황과 상처에 대해 알고 이해하는 과정을 거치면서 그 존재에 대해 갖게 되는 통합적 정서와 사려 깊은 이해의 어울림"이라고 정의했다. 처한 상황과 상처에 대해 자세히 알고 이해하는 데는 직관적인 능력만으로 충분하지 않다. 공감은 보통 두 가지로 분류한다. 타인의 고통에 대한 높은 감수성과 결합한 성숙한 공감능력인 정서적 공감과 인지적 노력에 의해 얻어지는 인지적 공감이다. 타고난 정서적 공감도 중요하지만 우리는 인지적 공감에 좀 더 시선을 둘 필요가 있다. 우리는 잘 알지 못해서 누군가에게 상처를 주기도 한다. 인지적 공감은 좀 더 자세히 알기 위한 노력의 자세이며 이해하고자 하는 의지의 태도이다.

정서적 공감	인지적 공감
• 거의 무의식적인 차원에서 이루어진다. • 측은지심(惻隱之心). • 그 사람의 성품과 직결된다.	• 대상의 환경과 주어진 상황에 맞추어 그의 생각을 이해하려고 노력함으로써 그 사람의 생각을 읽을 수 있는 추론 능력이다. • 타인의 표정이나 말투, 태도를 보면서 그 사람의 감정을 읽을 수 있는 능력이다.

자세히 알고 이해하면 그에 적절한 감정과 공감의 언어들이 자연스레 떠오른다. 따라서 우리는 다정한 관심으로 그의 이야기를 찬찬히 듣고 물을 수 있는 마음의 태도를 길러야 한다. 공감은 노력과 연습을 통해 한 발 한 발 내딛으며 내 걸음으로 얻어야 진정성을 갖는다. 공감의 답은 내가 아닌 상대방에게 있다. 상대를 진심으로 대하다 보면 보이지 않는 내면의 과녁에 향할 수 있을 것이다.

공감을 위해 세세하게 묻는 일은 상대가 정말 바라고 원하는 것이 무엇인지 알 수 있도록 돕는다. 길을 잃어 혼란스럽고 불안한 상대의 말들이 존재에 정확하게 닿을 때까지 조심스럽지만 섬세한 질문의 끈을 놓지 않아야 한다. 그렇게 존재에게 건네진 세세한 질문들은 정확한 공감을 향해 나아가는 징검다리가 된다.

공감을 위한 세세한 질문들

있는 그대로 당신을 이해해 주길 바라나요?	그 사람과 화해하기를 원하나요?	지금의 상황을 이해받고 싶은가요?	자유롭고 싶은가요?	마음이 안전하길 바라나요?
몸이 건강하길 바라나요?	봉사하고 싶은가요?	도움을 주고 싶은가요?	도움이 필요한가요?	누군가가 나를 지켜 주었으면 하나요?
좋은 관계를 형성하고 싶은가요?	주변에 좋은 영향이 되고 싶은가요?	그 사람과 소통하고 싶은가요?	배려받고 싶은가요?	아름다워지고 싶은가요?
친밀한 관계로 성장하고 싶은가요?	필요한 사람이 되고 싶은가요?	인정과 지지가 필요한가요?	즐거움을 누리고 싶은가요?	상대에게 용서받기를 원하나요?
존중받고 싶은가요?	정직하고 싶은가요?	능숙하게 잘하길 바라나요?	꿈을 이루기를 원하나요?	생각에 대해 편안하게 표현하고 싶은가요?
감정을 표현하고 싶은가요?	고마운 마음을 표현하고 싶은가요?	할 수 있다는 자신감이 필요한가요?	상황이 원하는 대로 풀리기를 바라나요?	마음을 이해받고 싶은가요?
상대를 용서하기를 바라나요?	지금보다 나은 내가 되고 싶은가요?	새로운 것을 배우고 싶은가요?	재미를 원하나요?	보람과 만족을 느끼고 싶은가요?

나의 힘듦을 나눌 사람이 필요한가요?	실패를 통해 이룬 성장은 무엇이었나요?	어떤 일이 일어날지 미리 알기를 원하나요?	휴식이 필요한가요?	마음껏 울고 싶은가요?
보살핌이 필요한가요?	우정을 나눌 친구가 필요한가요?	도전을 하고 싶나요?	한결같기를 바라나요?	원하는 목표를 이루고 싶은가요?
규칙이나 원칙이 세워지길 바라나요?	공평하게 대해 주기를 원하나요?	풍족했으면 하나요?	쾌적한 환경을 원하나요?	믿고 의지할 대상이 필요한가요?
사랑하고 싶은가요?	사랑받고 싶은가요?	노력과 시간을 효율적으로 사용하길 원하나요?	진실한 관심이 필요한가요?	원하는 것을 자유롭게 선택하고 싶은가요?
소속감을 누리고 싶은가요?	의식주가 지금보다 더 나아지길 바라나요?	색다른 것을 해 보고 싶은가요?	다른 사람과 함께 나누고 싶은가요?	여유롭게 지내고 싶은가요?
진실하기를 바라나요?	도망치지 않고 마주할 용기가 필요한가요?	나만의 시간이 필요한가요?	넘어서고 싶은 장애물이 있나요?	긍정적으로 생각하고 싶은가요?
정말 원하는 게 무엇인지 알고 싶은가요?	위로받고 싶은가요?	되돌리고 싶은 게 있나요?	희망을 갖고 싶은가요?	더 잘했으면 하는 게 있나요?

산후 조리원 산모들 대상 코칭 시 활용했던 공감질문 활동 사례이다.

1. 공감질문 활용 _ 감정네이밍

코치

최근에 가장 많이 느끼는 감정은
무엇인가요?

두려움과 고마움이요.

산모

2. 공감질문 활용 _ 이야기

코치

두려움과 고마움을 느끼게 된 이유가
있다면 **어떤 이유**일까요?

둘째 아이를 어렵게 출산했는데,
태어나자마자 위독해 치료를 받고 있어요.
아직 안아 보지도 못했어요.
아이가 잘못되면 어떻게 하나 하는 **두려움**이
그동안 계속되었어요. 그러다 오늘 아침에
위험한 상황은 넘어갔고 회복만 잘하면 되겠
다고 연락이 왔어요. 그래서 그 시간을
잘 버텨 준 아이에게 정말 **고마워요.**

산모

3. 공감질문 활용 _ 공감질문

코치

이야기를 들어 보니 충분히 두렵고 또 고마움을
느끼실 만한 일이셨다는 생각이 듭니다.

제가 드리는 질문 중 가장 필요한 게 무엇인지
선택해 보시겠어요?

1. 두려울 때 그 마음을 표현하고 싶으셨나요?
2. 그 마음을 이해받고 싶으셨나요?
3. 마음껏 울고 싶으셨나요?

저는 세 번째 질문이요.
정말 두렵고 슬퍼서 울고 싶었는데 그러면
아이가 더 아플까 봐 억누르고 참았어요.

산모

4. 공감질문 활용 _ 공감효과 "안정감 형성"

코치

저와 있는 이 공간에서는 괜찮으니
울고 싶으시면 편안하게 우셔도 됩니다.
내 아이가 아파서 걱정되고 눈물이 나는 건
당연한 일이에요.

울어도 된다고 하시니 한결 마음이
편안해요. 저는 엄마니까 울면 안 된다고
제가 씩씩하게 버텨야 한다고 생각했는데,
오늘 코치님 앞에서 울고 또 힘을 내어
볼게요.

산모

05

질문

Resilience Coaching

변화를 향한 두드림
질문

....

"어떤 사람이 대답을 어떻게 하는지를 보면 그가 얼마나
'똑똑'한지를 알 수 있지만, 그가 어떤 질문을 하는지를 보면
그가 얼마나 '지혜'로운지를 알 수 있다."
– 나기브 마푸즈(노벨문학상 수상자)

질문을 위한 배경

내가 학교에 다닐 때는 생활통지표라는 것이 있었다. 수·우·미·양·가
로 표기되는 성적표 아래에는 학년별 발달상황을 선생님이 수기로 작성
하는 공란이 있었다. 나에 대한 선생님들의 생각이 동일했는지 반복적
으로 적힌 내용이 있었다. 바로 '발표를 잘하고 질문하기를 좋아한다'라
는 내용이었다. 놀랍게도 어린 시절 선생님들이 보았던 내 모습은 지금
도 현재진행형이다. 발표를 잘했던 것처럼 여전히 사람들 앞에서 말하
는 것을 좋아하고 잘한다. 좋아하는 일을 업으로 삼아 만족하며 살고
있기도 하다. 그런데 밥을 먹은 만큼 나이라는 걸 먹으며 세상에 길들여
져 갔기 때문인지 마르지 않는 샘인 줄만 알았던 질문하는 내 모습은 더

이상 찾아보기 힘들게 되었다. 처음부터 그랬던 것은 아니다. 질문하는 나를 세상이 버릇없고 예의 없는 사람이라 평가 절하하는 모습을 보며 타협한 것이다.

남이 무어라 하든 씩씩하고 당당하게 질문하는 어려운 방법을 선택하는 대신 다른 사람의 눈에 질타의 대상이 되지 않는, 질문하지 않는 쉬운 방법을 선택한 것이다. 그러나 그런 선택 후에도 가슴 한구석은 고구마가 목에 턱 걸린 것처럼 갑갑했다. 왜 그래야 하는지에 대한, 무엇이 중요한지에 대한, 이런저런 질문들이 머릿속에 떠올랐다. 이 질문들에 대한 답을 들으면 사이다를 마신 것처럼 시원해질까? 하지만 사이다의 톡 쏘는 시원한 맛을 느낄 수가 없었다. 나는 이제 더 이상 일터에서 질문하지 않기로 다짐했기 때문이다.

첫 직장에서의 직원 회의 시간이었다. 원장님은 "우리는 열려 있는 조직이니 언제든 궁금한 건 질문하세요"라고 하셨다. 그 말씀을 곧이곧대로 듣고 그날 궁금했던 내용을 질문했던 나는 회의가 끝나고 팀장의 부름을 받았다. "이 선생님, 질문하란다고 진짜 질문하면 어떻게 해요? 그렇게 눈치가 없어요? 다음부턴 원장님이 질문하라고 해도 조용히 있어요." 무엇이 잘못된 것인지 처음에는 알 수 없었다. 싸늘한 분위기에 더 이상 어떤 말도 해서는 안 된다는 직감만이 남아 있을 뿐이었다. 어찌 되었든 나는 그날 이후로 직원 회의 시간에 질문하지 않았다. 후에 알게 된 건 직원들이 질문할 때면 팀장은 원장님께 불려가 직원교육을 허투

루 했다며 질책을 당한다는 것이다.

한때 서점에 가면 유대인의 교육법과 관련된 주제의 책들이 진열대를 상당 부분 차지하고 있을 정도로 화제를 불러일으켰다. 유대인 교육에서 가장 강조하는 것은 "너의 생각은 무엇이니?"라는 질문이다. 질문과 답을 하는 과정을 우리는 사고의 과정이라고도 한다. 질문하는 그 자체로 의미 있고 효과가 뛰어나다. 유대인들은 이를 잘 알고 삶 속에서 질문하고 답을 찾는 사고의 과정을 아주 자연스럽게 만들어 왔던 것이다. 그러나 질문의 숭고한 과정이 이루어지기 위해서는 배경이 제공되어야 한다.

자주적 인재, 창의적 인재를 양성해야 한다는 시대적 부름에 유대인의 교육법인 '하브루타Havruta'는 강력한 힘을 발휘하는 듯했다. 하브루타는 질문 중심 수업 방법으로 '친구, 짝, 파트너'를 의미하는 '하베르'에서 유래된 말이다. '짝을 지어 질문하고 답변하며 토론하고 논쟁하는 것'이라 생각하면 쉽다. 그러나 우리는 이런 질문을 통한 학습 방법의 엄청난 영향력을 머리로만 알고 있는 것 같다. 이를 적용하고 실천하여 이루어진 변화를 찾아보기가 쉽지 않다. 가정과 학교, 그리고 조직문화에 실제적인 적용까지는 꽤 긴 시간이 필요해 보인다.

그렇다면 이유는 무엇일까? EBS 다큐프라임에서 『왜 우리는 대학에 가는가?』라는 주제로 프로그램을 방영한 적이 있다. 그중 질문이 억압된 우리의 현실이 반영된 교육 현장을 보여 주는 장면이 있다.

어느 대학교의 강의 시간이었다. 한 학생에게 교수님께 지속적으로 질문을 하라는 미션을 주었다. 학생은 미션대로 수업 시간 교수님께 여러 차례 질문을 했다. 강의가 끝난 후 다른 학생들에게 교수님께 질문하던 학생에 대해 어떤 생각을 가지고 있는지 인터뷰했다. 인터뷰에 응한 대다수의 학생이 이런 반응을 보였다. "질문을 해서 수업에 방해가 되었습니다.""교수님께 도전하는 질문들이 예의 없어 보였습니다.""질문은 수업이 끝나고 하는 게 좋겠습니다."

회사를 퇴직한 후 프리랜서 강사와 코치로 활동했을 때도 이와 비슷한 문화적 환경을 경험한 적이 있다. 10여 명의 강사가 모여 고등학교 진로 혹은 취업 교육을 진행했을 때의 일이다. 이때 기관의 담당자는 강사들에게 문자로 주제와 수업 시간, 강의료 등의 정보만을 전달했다. 강의안은 강사별로 직접 준비해야 하는지, 준비물은 강사가 알아서 준비해야 하는지, 학생들과 강의 전달식이 아닌 활동식의 수업을 준비해도 되는지, 한 학급에 몇 명의 학생이 있는지 등등 궁금한 점이 많았다. 하지만 어떤 강사도 질문하지 않았다. 답답해서 누구도 하지 않는 질문을 했다가 말이 많다며 다음 교육 프로젝트에서 열외가 되는 상황도 종종 경험했다. 이런 경험들은 이후 일을 할 때 선택의 기준이 되었다. 질문하면 안 되는 배경을 갖고 있는 팀의 일은 하지 않기로 한 것이다. 센터를 운영하게 되면서 제일 좋았던 것은 바로 사이다를 들이켤 수 있게 된 것이다. 궁금한 건 서로 물어가며 질문하는 것이 자연스러운 조직문화를 만들면서 목을 메이게 했던 고구마가 쑤욱 내려갔다. 물론 코치들과 팀을 꾸리고 함께해 나가는 과정 중 실수도 있었다. 그렇지만 언제든 질문할 수 있는 조직의 분위기를 만들고, 이를 조직문화로 안착시키려 노력하는 과정은 스스로도 잘 하고 있는 부분이라 생각한다. 질문할 수 있는 배경이 만들어지지 않으면 질문을 하는 사람은 미운 털이 박히는 요상한 상태가 되고 만다. 서로가 서로에게 질문하고 답할 수 있는 문화가 이루어질 때 건강한 도전을 이루고, 성장을 격려하며 보다 나은 조직을 만들어 갈 수 있다.

기관에서 교육을 의뢰했을 때 담당자를 만나 그 기관에 맞는 프로그램을 함께 기획하는 경우가 있다. 종종 담당자들은 내게 질문하기 전 "질문이 많아 죄송합니다"라고 이야기한다. 전혀 죄송할 일이 아니다. 질문을 자주 하는 담당자를 만나면 서로가 질문해도 되는 안전한 분위기가 형성되어 유익한 미팅을 가질 수 있게 된다. 궁금한 것들에 대해 요목조목 질문하면 프로그램의 의도도 다시 점검하게 되고, 더 나은 방향으로 정리를 할 수 있게 된다. 질문을 잘하는 담당자들은 프로그램이 시작될 무렵 더욱 진가를 발휘한다. 사전에 함께 준비해야 할 것이 무엇인지 세세하게 묻고 점검하니 교육에 참여하는 교육생들의 만족도 또한 높다. 이런 담당자들을 만나면 단기간 교육의 인연으로 끝나지 않고 다음과 다음의 인연으로 이어진다. 그렇게 연속적인 소중한 인연이 되는 것이다.

답이 정해진 낡은 질문

초등학교 3학년인 둘째 아들이 국어 시험에서 틀린 문제를 다시 풀어야 한다고 열심히 숙제를 하고 있었다. 그런데 동그라미보다 틀린 것을 체크한 브이 표시가 더 많은 것을 보고 웃으며 아들에게 다가갔다. "숙제가 많아서 어떡해?" 아이와 시험 점수로 이런저런 이야기를 나누지 않는 터라 아들은 별다른 반응 없이 말했다. "얼른 풀고 놀아야지." 문제를 어떻게 푼 것인지 궁금해 시험지를 살펴보았다. 1번 문제는 이랬다. '긴 줄을 활용해서 할 수 있는 것은 무엇입니까?' 문제 위 지문에는 '긴 줄을 활용해 키를 견준다'라는 보기 3번이 답으로 적혀 있었다. 아들은 5개의 보기 중 5번 '긴 길의 길이를 재어 본다'를 적었다. "근데 이건 좀 쉬운데 5번으로 답을 적었네. 이유가 있어?" 그러자 아이가 대답했다. "엄마, 나는 긴 줄이 있으면 키를 안 재고 긴 길의 길이를 재어 보고 싶거든요." 아들은 국어 시험지에 있는 질문에 대한 답을 지문에서 찾지 않고 본인의 생각에서 찾았던 것이다. 왠지 아들이 표시한 답이 틀린 게 아니라는 생각이 들었다. 당당하게 자기 생각이 답이라 체크한 아들의 순수한 용기가 멋져 보이기까지 했다. 그래도 오답노트에는 3번이 답이라고 적을 수밖에 없는 게 내가 살고 있는 현실이다.

우리나라의 교육 시스템을 전부 잘못되었다고는 할 수 없겠지만 정해진 답을 찾게 하는 교육 방법이 나는 왜 이리도 불편하고 못 마땅한 것일까? 정해진 답이 아니면 틀린 것이 된다. 틀린 답은 사람으로 하여금 수치심을 느끼게 한다. 그러니 정확한 답이 아니면 답을 표현하지 말아야겠다는 무의식적 의지가 생긴다.

교육은 대상에 대한 이해가 가장 중요하다. 나는 유치원생, 초등학생, 중학생, 고등학생, 대학생, 대학원생, 전문직에 종사하는 성인, 어르신 학교의 학생 등 교육 시스템에 있는 전 연령을 망라하며 교육을 진행해 왔기에 각 대상의 특성도 파악하게 되었다. 유아, 초등학교 저학년을 제외한 대상들은 대개 질문을 하면 나와 눈을 마주치지 않는다. 질문한 내가 오히려 아주 결례를 범한 듯한 분위기가 형성되기도 한다. 그러나 우리는 질문을 받으면 답을 할 수밖에 없는 뇌 구조를 가지고 있다. 입 밖으로 내지 않았을 뿐 자신만의 답을 생각 속에 가두어 두고 있는 것이다. 틀린 답을 말해서는 안 되는 우리의 문화적 환경이 질문하지 못하게 하는 또 하나의 요인이 됐다. 획일적인 정답을 찍어내는 주입식 교육은 질문에 정해진 답이 아닌, 다른 답이 있을 수 있다는 생각의 실체를 여지없이 잘라낸다. 그래서 우리는 질문하고 답하는 과정이 편안하지 않은 것이다. 부모들은 아이가 자랄수록 교육에 대한 고민이 깊어진다. 교육이라는 이름으로 서열을 가리는 시스템을 정당화하고 자신의 존재에 대한 질문의 답을 서열에서 찾게 하는 환경. 우리의 소중한 아이들을 이런 환경에 맡기고 싶지 않은 간절한 모성에 대한 답은 어디서 찾아야 할까?

실상 공교육은 19세기 이후 산업사회의 수요를 위해 생겨났다. 산업화 시대의 공교육은 위에서 지시한 사항을 아래에서 성실하게 실행하도록 하는 체제였다. 이것이 오늘날까지 이어져 주입식 교육의 형태로 자리잡은 것이다. 다수의 획일적인 인재들을 배출하는 방식이 필요했던 산업화 시대에는 주입식 교육이 적절했을지도 모른다. 그러나 급변하는 세계화 시대를 맞이한 오늘날 주입식 교육이 적절한 학습 모델인지는 정말 고민해 봐야 한다. 다가올 미래를 선제적으로 준비하기 위해 정해진 답이 아닌 나만의 답을 찾는 사고의 과정이 필요하다. 나만의 답을 찾는 창의성과 역동적인 개성을 만들어 가야 하는 것이다. 지성의 본질은 다양하다. 그러기에 질문도 답도 다양한 형태로 존재할 수 있다. 오직 하나의 정답, 하나의 지식만을 강요했다가는 답을 찍어내는 인간AI를 만들어 낼 뿐이다. 획일적인 사고방식에서 열린 사고방식으로 가는 길은 바로 질문을 활용하는 것이다. 생각을 자극하고 정해진 답을 넘어 다른 답을 생각해 보게 하는, 존재를 혁신하게 하는 질문 지능이 필요하다.

변화를 일으키는 질문의 힘

질문의 중요성을 알고 어린 시절부터 이를 교육하는 민족이 있다. 바로 유대인이다. 유대인들은 아버지가 유대인이든 아니든 어머니가 유대인이면 혈통으로 인정하는 모계혈통을 따르는 법이 정착되어 있다. 이런 배경으로 유대인의 사회와 가정에서 어머니의 역할은 엄청난 영향력을 갖는다.

유대인들의 질문하는 교육은 가정의 어머니로부터 시작된다. "너의 생각은 무엇이니? 왜 그렇게 생각하게 되었니?" 그러니 그들에게 질문이란 낯설거나 불편한 것이 아니라 늘 삶을 이끄는 친근한 동행자이다. 질문이란 소통의 도구로 부모와 깊이 대화하고 토론하다 보면 사고의 폭은 확장되고, 지식은 쌓이며, 지혜는 깊어지는 성장을 이룰 수 있다.

우리 역시 자녀들에게 선택과 결정에 앞서 의견을 물어야 한다. 아이들의 답변이 아주 구체화되어 있거나 세세하지는 않겠지만 이 과정에서 아이들은 자신의 기준(답)을 만들어 나간다. 그렇게 하면 아이들이 부모에게 질문하는 일도 자연스럽게 이루어진다. 질문은 아이들과의 관계 형성에도 도움을 준다. 서로 질문하고 답하며 부모는 아이들을, 아이들은 부모를 알아가고 이해하며 친밀한 관계로 나아가는 것이다. 부모와 자녀도 당연하게 친밀해지는 것이 아니며, 의도를 갖고 가까워지기 위해 시간과 에너지를 투자해야 한다.

건강가정지원센터에서 부모코치지도자 과정을 진행했을 때의 일이다. 12회기에 걸친 교육과정을 모두 마치고 이야기를 나눌 때였다. 직업이 공무원이라는 중년 여성분이 자신의 이야기를 하고 싶다고 하셨다. 그분은 일을 참 좋아했던 터라 승진도 빠르셨다고 한다. 일을 마치고 집에 돌아오면 피곤하지만 그래도 아이들에게 저녁밥은 직접 해 주고 싶어서 밥하고 반찬을 정성스럽게 준비하셨다고 한다. 식사도 가장 빠른 속도로 하고 아이들보다 먼저 일어나 설거지와 청소를 하는 것이 그때는 아이들을 위한 일인 줄 알았다고 한다. 아이들이 "엄마" 하고 부르며 이런저런 이야기를 하고 싶어할 때, 자신의 뒷모습만 보여 주던 엄마. 이제 아이들은 청년이 되었고, 더 이상 "엄마" 하고 부르며 다가오지 않게 되었다. "제가 이런 교육을 좀 더 빨리 알고 배웠더라면, 하는 생각이 먼저 들었습니다. 아이들이 제게 '엄마' 하고 부르며 이야기하고 싶어했을 때, 고무장갑을 벗어 던지고 눈을 마주치며 '어떤 일이 있었어?' 하고 질문했더라면 얼마나 좋았을까요? 직접 밥을 하는 대신 배달 음식을 먹더라도 아이들과 좀 더 정겹게 이야기를 나누었으면 어땠을까요?" 하고 후회하셨다. 그리고 마지막으로 "그래도 포기하지 않고 노력해 보려고 합니다"라고 말씀하셨다.

질문과 답이 오가며 자녀와의 소통이 이루어지면 시간 가는 줄 모를 만큼 서로에게 몰입하게 되고 즐거움의 감정을 오래 간직하게 된다.

커뮤니케이션의 세계적인 권위자인 캘리포니아 주립대학교의 바바라 워닉과 에드워드 인치 박사는 "생각하기란, 문제와 질문에 대해 탐구하고 그것과 관련된 가능한 모든 정보를 통합시키고 답에 도달하는 과정이다"라고 했다. 사람의 인생에 중요한 영향력을 미치는 생각의 시발점이 되는 게 바로 질문이라는 것이다.

요즘 마음 챙김이 화제다. 우리는 마음과 생각을 구별하려 하지만 사실 이를 구별하는 것은 그리 쉬운 일이 아니다. 결국 마음을 챙긴다는 건 생각을 관리한다는 의미이기도 하기 때문이다. 생각을 관리하기 위해서는 어떤 질문을 하느냐가 중요하다. 질문은 생각의 방향을 결정한다. 질문과 답이 오가는 일련의 과정을 생각이라고 정의하면 질문이 가지는 영향력은 지대하다. 생각은 답이 아니라 질문에 의해서 가지를 뻗게 된다. 또한 "지금까지 우리가 습득한 지식은 거의 질문에서 비롯되었다"고 했다. 배움 또한 질문을 통해 이루어진다는 것이다. 사람은 질문으로 시작된 배움을 통해 깨달음을 얻고 성찰한다. 그 성찰이 내면의 변화를 일으키면 삶의 태도가 달라진다. 질문이 사람의 심연에 다다른 것이다. 따라서 질문과 답변으로 이루어지는 일련의 대화 과정은 개인의 삶과 가정, 사회라는 공동체에서 지속적으로 추구해야 할 중요한 능력이다.

질문의 힘

관계의 친밀함 / 생각을 구성 / 스스로 설득 / 내면의 변화

질문자가 갖추어야 할 자세

질문은 변화를 위한 훌륭한 도구가 된다. 그런데 누구나 아는 것처럼 도구를 사용하기 이전에 사용하는 사람의 태도가 준비되어야 한다. 우리 집 근처에는 언제나 사람들로 북적거리는 한의원이 있다. 많은 사람이 찾는 데는 다 이유가 있다. 젊은 한의사 선생님은 침을 아주 잘 놓기로 유명하다. 그런데 그것이 전부는 아니다. 침을 놓기 전 선생님은 방문한 환자에게 아픈 부위에 대해 관심과 정성 어린 질문들을 한다. 언제부터 아팠는지, 통증은 어느 정도인지 묻고, 어떤 사이즈의 침을 놓을 것인지, 침을 맞을 때 통증이 어느 정도 있을 수 있다든지 등을 설명한다. 환자가 안전한 마음이 들도록 하는 것이다. 그럼 신기하게도 다음번에 환자들은 마음을 열고 이런저런 이야기를 한다. 아픈 부위뿐 아니라 마음까지 회복되어 가는 모습을 보인다. 그렇게 단골손님들로 문전성시를 이루게 되었다. 한의원이 잘되는 비결을 이미 눈치챘겠지만 바로 사람을 진정성 있는 마음으로 대하는 한의사 선생님의 태도 때문이다.

국제코치과정 공부를 하면서 코칭 대화 연습을 진행했다. 나와 연습했던 분은 ACC자격(국제코치연맹의 코치 자격증은 ACC→PCC→MCC 단계로 되어 있다)을 취득한 분이었다. 나는 코칭을 막 시작한 새내기였고 나와 함께 코칭 대화 연습을 한 그분은 어떻게 보면 코칭에 있어 선배였다. 그래서 약간의 기대감을 갖고 연습을 시작했다. 그런데 이게 웬일인가. 서로에 대한 소개도 없이 갑자기 질문 폭격이 시작되었다. 질문은 꽤나 멋스러운 표현들로 구성되었지만 질문에 답변하고 싶은 마음은 생기지 않았다. 질문이 관계를 여는 것이 아니라 관계를 시작하고 싶지 않은 상태를 만든 것이다. 그때의 질문은 스스로를 설득해 변화를 생각하는 계기가 아니라 마치 공격, 아니 폭격을 당하고 있는 것처럼 느껴졌다. 나는 왜 그렇게 느꼈을까? 그것은 그분의 태도 때문이었다. 나와 연습했던 선배는 대화의 본질보다 질문의 스킬을 사용하기에 바빴던 것이다. 준비되지 않는 태도에서 비롯된 수많은 질문이 피코치에게는 융단 폭격으로 느껴질 수 있다. 질문이 효과적이기 위해서는 스킬을 발휘하기 이전에 상대에 대한 순수한 호기심과 진정성 있는 관심이 우선되어야 한다.

상대에게 순수한 호기심과 진정성 있는 관심을 갖기 위한 방법 중 하나는 소소한 대화를 먼저 나누는 것이다. 본격적으로 코칭 대화를 시작하기 전에 나는 피코치에게 작은 질문들을 한다. 평소 어떤 음식을 즐겨 먹는지, 어떤 음악을 듣는지, 어떤 운동을 좋아하는지, 어떤 사람을 만날 때 기분이 좋은지 등등이다. 그렇게 소소한 질문들을 편안하게 건네며 대답에 귀를 기울인다. 그러면 어느새 그 사람의 좋은 점에 시선이 끌린다. 그리고 그 좋은 점들을 언급하다 보면 나에 대한 경계가 점점 허물어지는 것이 느껴진다. 그리고 내게도 상대를 좀 더 알고 싶은 순수한 호기심과 관심이 생겨난다. 물론 이 방법이 모든 사람에게 효과적인 것은 아니다. 그러나 이러한 노력이 내가 만나왔던 많은 피코치와 나를 연결해 준 것도 사실이다.

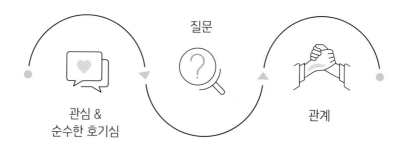

관심 &
순수한 호기심

질문

관계

신뢰로 이끄는 질문 디자인

자기결정이론에 대해 수십 년간 연구해 온 에드워드 데시Edward Deci
와 리차드 라이언Richard Ryan 교수는 자율성이야말로 인간의 능력 발휘
와 행복을 위한 필요조건이라고 주장한다. 인간은 같은 일이라도 외부
의 압박을 받지 않고 자신이 선택하고 결정했다는 느낌이 들어야 그 일
에 동기를 가지게 된다. 강요된 것, 꼭 해야만 하는 것이라는 압박을 느
끼는 순간 그것에 대한 동기는 급속히 사그라지기 시작한다. 코칭에서
질문을 하는 목적은 다양하지만 그중 하나는 변화이다. 변화는 피코치
스스로가 현실을 인식하고 원하는 미래를 그리며 나아가기 위한 절대
조건이다. 이는 코치가 억지스럽게 설득하거나 강요한다고 만들어지는
것이 아니다. 또한 그렇게 해서도 안 된다. 효과적인 질문은 자기결정성
을 극대화한다. 질문을 통해 스스로를 설득하게 되는 것이다. 스스로를
설득하게 되는 그 지점이 우리가 바라는 변화의 시작이 된다.

먼저 어떤 질문이든 해 보는 연습이 필요하다. 질문을 잘하려다 보면 오히려 그게 질문으로의 진입을 막는 장벽이 되기도 한다. 안전한 상대와 질문하는 연습을 먼저 해 보고, 질문하는 것이 익숙해지면 그다음에 스스로를 설득하게 만드는 효과적인 질문을 디자인하는 것이 좋다. 사람들의 회복과 성장을 돕기 위한 리질리언스 코칭에도 질문 디자인이 필요하다. 관계를 열고 참여를 이끌어 내는 '소소炤炤, 밝고 환한한 질문'에 대해 이야기하고자 한다. 어떤 코칭 현장이든 첫 만남에서는 상대를 차근히 알아가기 위해 열린 질문을 한다. 나는 관계를 여는 열린 질문을 '소소한 질문'이라 부른다.

관계를 여는 소소炤炤한 질문들

- 평소 즐겨 먹는 음식은 무엇인가요?
- 유튜브나 TV 프로그램 중 관심을 갖는 분야가 있나요?
- 어떤 사람을 만날 때 기분이 좋은가요?
- 평소 휴식을 위해 무엇을 하나요?
- 음악을 듣는다면 어떤 장르의 음악을 듣나요?
- 어떤 날씨일 때 기분이 좋은가요?

이 질문들에는 공통점이 존재한다. 바로 피코치에 대한 정보를 알 수 있는 질문들이라는 것이다. 소소한 질문은 열린 질문의 형태를 취한다. 열린 질문이란 질문을 받는 대상이 자신의 생각이나 감정, 의미 등에 대해 자유롭게 말할 수 있도록 하는 질문이다. 다시 한번 강조하자면 질문의 스킬 이전에 태도가 준비되어야 한다. 관계를 여는 질문을 통해 우리는 대화의 상대 혹은 코칭의 대상자에게 순수한 호기심과 관심이 있음을 보여줄 수 있다. 코치의 관심을 담은 질문은 상대와의 관계를 신뢰로 이끈다.

코칭이 아닌 교육의 경우에는 조금 다른 질문을 하지만 이 역시도 열린 질문의 형태를 취한다. 열린 질문은 관계를 열기도 하지만 참여를 이끌어 내기도 한다. 교육 시작 시 참여자들에게 교육을 통해 얻고자 하는 게 무엇인지를 묻는다. 맹목적으로 교육에 참여하는 것이 아니라 이 교육에 대한 자신의 기대를 살펴보고 어떤 의미를 가지고 있는지 생각해 보게 하는 것이다. 이 질문 역시 1:1 코칭처럼 교육 참여자들에게 내가 관심이 있음을 나타내는 표현이기도 하지만 그들 스스로 이 자리에 있는 동기를 발견하고 의미를 부여하는 계기가 된다. 이렇게 질문하고 답변을 들으면 내가 다음으로 하는 행동이 있다. 준비해 간 프로세스가 있더라도 교육 참여자들이 언급한 필요들을 우선 적용하는 것이다.

이것은 지나치게 교육 주제를 비껴가지 않는 것을 전제로 한다. 교육 중 어떻게 적용해서 진행할 것인지를 교육 참여자들에게 설명하면 나를 바라보는 눈들이 어느새 별처럼 반짝인다. 교육장의 공기의 흐름이 바뀐다. '소소한 질문'이 정말 밝고 환한 분위기를 만들어 주는 것이다. 여기서 중요한 것이 있다. 질문은 언제나 경청과 짝을 이루어야 한다. 경청한 내용이 현실에 반영되면 상대의 마음을 얻는 소중한 기회가 된다.

자기이해를 돕는 질문들

☑ **자기이해를 위한 질문 ①**
  당신을 사물(물질세계에 있는 모든 구체적이며 개별적인 존재를
  통틀어 이르는 말)에 비유한다면 무엇에 비유할 수 있나요?

대상 연령의 상관없이 이 질문은 부담 없이 자신을 관찰하게 해 준다. 자기이해의 시작이 너무 거창하거나 무거우면 시작부터 저항이 일어날 수 있다.

나는 어린 시절부터 엄마를 따라 목욕탕에 가는 것을 좋아했다. 목욕탕에서 엄마가 사 주는 요구르트 맛이 그렇게 좋았다. 탕에 들어가면

엄마는 때를 잘 불려야 한다며 뜨거운 탕을 골라 몸을 담그셨다. 그런 엄마를 따라 탕에 들어가려면 준비 작업이 필요했다. 발부터 찬찬히 담그며 온도에 몸을 적응시키는 것이다. 그러고 나면 뜨겁게 느껴졌던 물의 온도가 편안해지고 시원하다는 말이 나올 정도로 몸을 오랜 시간 담글 수 있게 된다. 자기이해도 이와 유사하다. 사람은 자신을 알아가는 것을 즐거워하면서도 막상 직면하려 들면 낯설고 불편해하기 마련이다. 그러니 낯설고 불편한 상태가 편안해질 때까지 발부터 담그도록 해야 한다. 보통 이 질문을 사용할 때는 사물카드와 우리 센터의 로고를 준비해 간다. 청소년, 성인 모두 사물카드를 보며 편안하고 즐겁게 자신에 대해 생각하도록 돕기 위해서다. 카드와 예시는 낯선 현상에 대한 저항을 낮춰 준다. 대화의 상대가 도구를 통해 답을 찾는 과정을 재미있게 느끼면 우리의 뇌는 몰입하게 된다. 몰입에는 쾌감이 존재하고 쾌감은 지속하는 힘을 준다.

사실 이 질문은 코칭을 배우며 내가 가장 처음 접한 질문이기도 하다. 당시 이 질문에 대한 나의 답은 꽤 오랜 시간이 걸려 완성되었다. 나를 사물에 비유한다면 나는 독수리이고 싶었다. 어떤 이는 독수리를 부정한 동물이라고도 하고, 어떤 이는 젊음 혹은 청춘의 상징이라고도 한다. 나는 독수리가 젊음, 청춘의 상징이라는 해석에 마음이 끌렸다. 독수리는 현재 우리 센터 로고의 상징이기도 하다.

미투위코치센터 로고

좋은 것으로 네 소원을 만족케 하사
네 청춘으로 독수리같이
새롭게 하시는도다
시편 103편 5절

이어령 선생님은 『빵만으로는 살 수 없다』에서 독수리가 나이를 먹으면 동굴에 들어가 볼품없어진 털을 다 뽑고, 구부러진 부리를 갈아서 튼튼한 부리와 날렵한 깃털을 회복한다고 했다. 그렇게 고통의 시간을 견디어 동굴 밖으로 나올 때는 이전보다 더 강한 모습으로 다시 내일을 살아가게 된다.

많은 사람이 삶의 어려움과 고난을 경험한다. 어려움이 계속되고 고난이 깊어지면 삶에 최후가 도래했다고 생각하기도 한다. 시편에는 "네 청춘을 독수리같이 새롭게 하시는도다"라는 말이 나온다. 독수리같이 새롭게 한다는 것은 일시적인 것이 아니라 계속 새로워진다는 의미이다. 마찬가지로 우리도 이런 어려움과 고난이 삶의 최후가 아니라 내일을 살기 위한 새로운 모습으로의 탈바꿈이라고 해석하는 태도가 중요하다. 고통을 묵상하며 타성에 젖어 들게 하는 태도, 좌절로 합리화한 습관적인 무기력, 어찌할 수 없는 감정의 소용돌이, 이런 것들이 깨끗하게 씻겨 내려간 새로움을 준비해야 한다.

그런 의미에서 나는 나를 독수리에 비유하고 싶었다. 털을 뽑고 부리를 바위에 갈고 깨트리는 과정이 존재하는 이유가 비상을 위한 새로운 모습으로의 탈바꿈이었다고 해석하니 나의 삶도 긍정적이고 건강하게 되돌아볼 수 있었다. 또 독수리의 젊음이 내게는 단순한 청춘의 젊음은 아니다. 그 이상의 정신적인 새로움을 의미한다.

코칭을 시작할 무렵 이런 독수리의 정신을 바탕으로 가치를 공유할 사람들과 하늘을 향해 힘껏 비상하고 싶었다. 그런 상상만으로도 기분이 좋아졌다. 그런데 이제는 상상이 아닌 현실이 되어 가고 있다. 독수리를 바라기로 했으니 독수리의 정신을 닮은 삶을 살고 있는 게 아닐까.

이 질문을 받은 사람들은 저마다의 의미로 다양한 사물에 자신을 비유한다. 표면적으로 떠오르는 사물의 이미지만을 가지고 비유하지 않는다. 그 속에는 나름의 의미가 깊이 담겨 있다. 내가 나를 독수리에 비유했을 때 단순히 사물의 명칭으로 끝나지 않았던 것과 같다. 이처럼 가벼운 질문처럼 보이지만 그 질문의 답에는 그 사람의 가치와 성품, 삶의 방향에 대한 의미까지 내포되어 있다.

> **나를 사물에 비유한다면?**
> * "나는 바람을 닮고 싶어요."
> * "민들레꽃이요."
> * "저는 털장갑이에요."
> * "비 오는 날의 우산이 되고 싶어요."

☑ 자기이해를 위한 질문 ②
당신의 강점은 무엇입니까?

회복과 성장을 위한 리질리언스 코칭을 진행할 때 빠져서는 안 되는 질문이 있다. 바로 긍정적 자기이해를 돕는 강점에 관한 질문이다. 평소 자기이해가 높은 대상은 강점 단어를 제공하지 않아도 인식하고 있는 강점을 잘 이야기한다. 그러나 보통의 경우 쑥스러워하거나 생각하는 것 자체를 어려워한다. 그래서 강점 단어 카드를 펼쳐 놓고 상대방이 강점을 잘 찾을 수 있도록 돕는다. 강점을 찾기 전 잊지 않고 상대에게 건네는 말이 있다. "천천히 찾으셔도 됩니다." 그러면 분주해졌던 눈이 차분해지면서 편안하게 단어를 살펴보기 시작한다.

강점 단어

호기심	새로운 것에 대한 적극적인 관심과 열린 마음으로 대하는 능력
학구열	배움을 좋아하고 배울 기회가 있다면 어디든 찾아가는 자주성
판단력	자신과 다른 사람들에게 도움이 될 만한 정보를 객관적이고 이성적으로 가릴 줄 아는 능력
비판적 사고	합리적이고 논리적으로 분석하여 현실을 정확하게 인식하는 능력
실천성 지능	세상 이치에 밝아 실제로 해낼 수 있는 능력
창의성	목적을 달성하기 위해 새로우면서 타당한 방법을 찾는 능력
통찰력 (예견력)	꼼꼼히 생각하고 더 큰 것을 볼 줄 알며 문제를 해결하고자 하는 사람들이 찾아옴
지혜	세상의 이치를 정확하게 깨닫고 선과 악을 분별하는 능력
용감성	강력한 반대도 무릅쓰고 주장을 고수하며 고통과 좌절에도 의지를 굽히지 않는 능력
끈기 (성실+근면)	어려움에도 불평 없이 기꺼이 책임을 완수하며 현실적인 융통성으로 희망을 이루어 가는 능력
정직	말로든 행동으로든 의도와 목적을 자기 자신과 다른 사람들에게 진실하고 진지하게 알리는 능력
열정	활기가 넘치고 어떤 일에 열렬한 애정을 가지고 집중하는 능력
사랑	사람이나 사물을 아끼고 소중히 여기는 마음
	사랑할 능력과 사랑을 받을 줄 아는 능력

친절	다른 사람의 존재를 인정하고 다른 사람의 관심사로 관계를 맺는 능력
정서지능	대인관계지능 자신의 감정을 잘 다스리며 스스로의 행동을 이해하고 바로잡을 줄 아는 능력
	사회성 지능 다른 사람들의 동기와 감정을 금방 알아채고 그에 맞게 반응하는 능력
팀워크 (협동)	헌신적이고 충실하며 자기가 해야 할 몫을 다하고 팀의 성공을 위해 열 심히 노력하는 능력
공정	자신의 개인적인 감정이나 편견에 치우치지 않고 바르고 진실하게 대하 는 능력
리더십	단체를 조직하는 소질과 사람들이 단합해 일하도록 하는 능력
용서	가련하고 불쌍히 여겨 잘못을 꾸짖지 않고 만회할 기회를 주는 능력
겸손	자신을 낮출 줄 알고 돋보이려 애쓰지 않으며 자기 일을 훌륭히 수행하는 능력
사려 깊음 (신중)	멀리 보고 깊이 생각하며 눈앞의 이익을 좇으려는 충동을 억제할 줄 아는 능력
자기통제력	적절한 시기가 올 때까지 욕망, 욕구, 충동을 자제할 줄 아는 능력
감상력	음악, 미술, 연극, 영화, 스포츠, 과학, 수학의 아름다움을 음미하는 능력
감사	내가 받은 것에 대해 당연하게 여기지 않으며 삶 자체를 감상하며 고마워할 줄 아는 능력
미래지향성 (희망)	긍정적인 면을 보려고 함 내일을 기대하며 계획을 세우고 그 계획대로 실천하는 능력

유머	일과 놀이를 잘 배합하고 밝고 환함 잘 웃고 다른 사람들에게도 웃음을 선사하는 능력
영성	우주의 더 큰 목적과 의미에 대한 믿음이 크며 큰 계획에서 자신의 쓰임새가 있을 것으로 생각함 삶의 목적이 뚜렷하고 거룩한 책무가 있음을 알고 실천하는 능력

내가 활용하는 강점 단어들은 마틴 셀리그만의 미덕(성품) 기준에 부합하는 단어들이다. 우리는 강점 찾기를 통해 스스로를 긍정적으로 이해하며 자아존중감Self-esteem을 높일 수 있다. 강점 단어를 찾고 그 강점을 언제, 어디서, 어떻게 발휘했는지 질문한다. 어떤 강점은 연결되어 한 스토리에 등장하기도 하고, 어떤 강점은 강력한 열정으로 드러나기도 한다. 그렇게 말하는 이가 작은 성공 경험들을 스스로 이야기하도록 함으로써 내면에 힘을 실어 준다. 그리고 잠재된 가능성을 인식하고 기뻐한다.

☑ 자기이해를 위한 질문 ③
상상해 본다면, 지금의 문제를 해결한 미래의 당신은
어떤 강점으로 이 문제를 해결했을까요?

그러나 간혹 질문 ②의 답을 찾기 어려워하는 사람들도 있다. 그럴 때면 미래 질문으로 바꾸어 질문해 본다. 바꿀 수 있는 미래에 긍정적인 생각 에너지를 모으면 이미 가지고 있었지만 보지 못했던 강점을 인식할 수 있다. 그렇게 상상 기법을 활용한 미래 질문은 현실을 마주하고 내 안에 있는 밝은 빛을 인정하게 한다.

강점에 대한 질문에 답을 찾는 과정은 코치에게도 대화의 상대를 긍정적으로 바라보는 계기가 되며, 향후 진행될 코칭에서도 긍정적인 영향력을 끼친다. 약점을 관리하는 일은 강점을 온전히 인식한 후에 해도 늦지 않는다. 강점으로 긍정적인 나를 회복하고 마음 근육을 단단하게 하는 일, 리질리언스 코칭에서는 이것이 우선이다.

☑ **자기이해를 위한 질문 ④**
앞으로 내 삶을 통해 이루고자 하는 소중한 가치는 무엇입니까?

☑ **자기이해를 위한 질문 ⑤**
그 가치를 이루는 삶이 당신에게 어떤 의미입니까?
(4번 질문의 답이 끝난 다음 5번 질문을 한다.)

가치란 조개 속의 진주와 같다. 조개를 열기 전까지는 평범한 조개인지 진주를 속에 품은 조개인지 알 수 없다. 가치 또한 겉모습만으로는 확인할 수 없다. 내면의 숨겨진 가치는 마치 영롱한 진주알 같다. 가치가 만들어지는 과정도 진주가 만들어지는 과정과 흡사하다. 흔히 조개 속의 모래알이 진주가 되는 것으로 알고 있는 경우가 많지만 사실은 그렇지 않다. 조개가 숨을 쉬기 위해서 입을 벌린 사이 이물질이 침입한다. 침입을 알아챈 조개는 조개껍질을 만드는 중요한 탄산칼슘을 분비해 이물질을 감싸기 시작한다. 안전하다고 판단될 때까지 침입자를 덮고 또 덮으며 2~4년에 이르는 긴 시간을 거쳐 이 과정을 진행한다. 이것이 바로 진주다. 진주는 조개에 이물질이 들어와 자극을 가하는 인고의 시간과 생명을 위협하는 상황에서 만들어진 결과물인 것이다. 그런데 모든 조개가 진주를 만들어 내는 것은 아니다. 조갯살에 이물질이 파고들어 고통을 주어야만 조개가 탄산칼슘을 짜낸다. 이 과정이 반복적으로 일어나지 않으면 진주도 없다. 생명체가 시련을 이기며 만들어 낸 보석 진주, 그래서 사람들은 진주를 가치 있는 보석으로 여긴다.

그렇다면 또 다른 생명체인 사람이 만들어 낸 보석은 무엇일까? 나는 그것이 바로 가치라고 생각한다. 사람도 삶이라는 껍질 속에 침입자가 존재한다. 침입자에 대한 해석은 저마다 다를 것이나 보통은 자신의 삶을 아프게 하는 그 무엇이다. 그런 아픔들을 감싸 안고 넘어서며 살아 내는 사람들은 가치라는 보물을 만들어 낸다. 누구나 만들 수 있지만 누구나 만들 수 없는 것이 가치다. 조개도 열어 봐야 진주의 존재를 알 수 있는 것처럼 가치도 그 사람과 이야기를 나누고 삶을 함께 살아 봐야 알 수 있다. 겉사람이 아니라 가치를 담고 있는 속사람을 아는 시간이 필요하다.

그렇다면 여기에서 이야기하는 가치란 무엇일까? 사전적 의미는 인간이 자신을 포함한 세계나 어떤 대상에 대하여 갖는 평가의 근본적 태도나 관점을 말한다. 좀 더 쉽게 설명하자면 가치란 옳은 것, 바람직한 것, 해야 할 것 또는 하지 말아야 할 것 등에 기준이 되는 것을 말한다. 삶은 선택의 연속이라 해도 과언이 아니다. 이 선택을 결정하는 기준이 바로 가치가 되는 것이다. 가치는 갈등의 순간에 어떻게 행동할 것인가에 대한 선택의 기준이 되며, 우선순위가 되는 삶의 방향이나 만족, 반복적으로 추구하는 행동의 믿음을 의미한다. 가치가 명확한 사람은 정체성이 분명하다고 이야기하는 것과 같다. 그러나 가치가 이물질과 타협하면 바른 형태를 갖추지 못한다. 일그러진 진주가 제 가치를 다하지 못하는 것처럼 때때로 우리의 모습도 그렇다.

노인복지관에 어르신들을 위한 교육을 하러 갈 때면 어르신들은 교육 중에 이런 말씀을 하신다. "사람은 고쳐 쓰는 것이 아니여. 사람은 절대 안 변해." 물론 이 말씀에도 일리는 있다. 그런데 내 믿음은 조금 다른 방향을 향한다. 시간이 다소 걸리지만 사람들이 회복되고 성장하는 변화의 과정을 자주 보기 때문이다. 우리의 과거가 형태를 잃어버린 진주였더라도 다가올 내일은 달라질 수 있다. 그래서 가치를 묻는 질문도 앞을 향해 가야 한다.

"앞으로 당신의 삶을 통해 이루고 싶은 소중한 가치는 무엇입니까?"

가치 키워드

감사	겸손	경청	고귀함	공감
공정함	공존	관용	균형	긍정성
끈기	기쁨	능동성	도전	목적의식
명예	배려	배움	봉사	북돋움
분별력	사랑	사명	성실	성찰
소박함	신념	신뢰	신중	아름다움
안정	안전	열정	예의	용기
용서	이해	인내	인정	자기사랑
자제력	정의로움	정직	존중	지도력
지혜	진실함	진취성	집중	창의성
책임감	친절	평화	협동	희망

가치는 삶을 통해 드러난다. 아이들을 양육하면서 참 신기한 것 중 하나는 아이들이 선생님에 대한 이야기를 많이 한다는 것이다. 새 학년이 될 때마다 좋은 선생님을 만나는 것이 소원이라고 한다. 어떤 선생님이 좋은 선생님이냐고 물었을 때 아이들은 단 한 번도 외모에 대한 이야기를 하지 않았다. 친절한 선생님, 따뜻한 말을 해 주는 선생님, 공평한

선생님, 잘 기다려 주는 선생님, 준비물 안 챙겨 왔다고 친구들 앞에서 꾸짖지 않고 다음에 꼭 챙겨 오라며 다정한 목소리로 말씀해 주시는 선생님 등이다. 1학년 시절, 아들은 작은 실수에도 지속적인 꾸지람을 받아 자신감이 낮아졌고 선생님에 대한 이야기도 거의 하지 않았다. 그런데 어느덧 4학년이 된 아들은 매일같이 신이 나서 선생님의 좋은 점을 이야기한다. 이렇게 좋은 선생님을 만나려고 그동안 힘들었던 모양이라고 말하는 아들의 이야기에 선생님께 얼마나 감사한 마음이 드는지 모른다.

학기가 시작되고 얼마 지나지 않아 온라인 수업이 진행되었다. 인터넷 연결이 잘 안 되었는지 아들은 20분 뒤에나 수업에 참여하였다. 학급 밴드를 통한 문자로 간략하게 선생님께 상황을 알리고 어렵사리 수업에 참여했지만 녀석은 내내 마음이 불편했던 모양이었다. 수업이 끝난 후 선생님으로부터 문자가 왔다.

'오늘 많이 놀랐지? 선생님도 네가 얼마나 마음이 불편하고 놀랐을까 하고 걱정이 되어서 위로해 주고 싶었단다. 그래도 포기하지 않고 수업에 참여하려고 노력해 주어 정말 고마워.'

선생님의 말은 아들의 마음 밭에 심어져 환한 미소가 되었다. 선생님은 수업에 20분 늦게 참여한 상황에 대해 늦은 이유를 캐묻고 질책하기보다 아들의 마음에 공감하고 위로를 건네는 선택을 했다. 아마도 제자들의 입장에서 먼저 바라보고 공감하고자 하는 가치가 이 선택에 영향을 주지 않았을까 싶다. 이후에도 여러 상황이 있었지만 선생님의 선택은 일관되었다. 선생님의 가치가 양분이 되어 아들이 자라나는 모습은 내게도 어떤 코치로 성장할 것인가에 대한 귀감이 되었다.

가치는 삶의 의미가 되고 의미는 태도를 통해 실천된다. 삶의 태도는 가치에서 시작되는 것이다. 가치와 의미를 담은 이야기를 나누다 보면 진짜 소통이 이루어진다. 상대를 좀 더 너그럽고 괜찮은 사람으로 바라보게 하며, 관계의 농도까지 짙어지게 한다.

☑ **자기이해를 위한 질문 ⑥**
당신이 평소 존경하거나 좋아하는 사람은 누구입니까?

우리는 사람들과의 만남 즉, 관계 속에서 누군가를 좋아하고 존경하게 된다. 긍정적인 마음이 향하는 대상을 잘 살펴보면 사실은 내가 동경하고 바라는 가치가 그에게 있는 경우가 많다. 잠시 눈을 감고 평소 좋아하거나 존경했던 사람을 떠올려 보자. 그리고 그의 어떤 모습이 좋았는지 천천히 생각해 보자. 그 내용을 다음 표에 작성해 보면 그 사람 속에 투영된 내가 중요하게 생각하는 삶의 모습과 가치가 보인다.

내 삶의 중요한 가치는 무엇인가?		
이름	**좋아하거나 존경하는 이유**	**가치 단어로 표현**
ex) 정혜신 박사	이 시대에 꼭 필요한 공감능력의 중요성을 설득적으로 전하고 있기 때문	공감, 전문성

어린 왕자는 "정말 소중한 건 눈에 보이지 않아"라고 했다. 공기는 눈에 보이지 않지만 존재하기에 생명의 원천이 된다. 가치를 실천하는 삶의 과정도 그 결과가 쉬이 눈에 보이지 않지만 보이지 않기에 공기처럼 더욱 소중하며 많은 사람을 살게 한다. 어쩌면 눈에 바로 보이는 것들보다 눈에 바로 보이지 않는 그 무엇들이 우리네 삶을 더욱 풍성하고 행복하게 만들어 가는 게 아닐까. 그러니 가치를 실천하기 위해 노력하는 삶은 값지고 고귀하다.

06

카이로스의 시간
Resilience Coaching

꿈이 이루어지는 날
카이로스의 시간

....

"믿음은 바라는 것들의 실상이다."
– 성경 히브리서 11장 1절

시간은 눈에 보이지 않음에도 우리는 마치 시간이 보이는 것처럼 여기며 살아간다. 우리는 시간 속에 태어나고 그 시간을 살아가다가 또 어느 시간이 다가오면 홀연히 떠난다. 과연 시간이란 무엇일까? 철학자이자 사상가인 아우구스티누스는 『고백록』을 통해 이 같은 질문을 했다. 그러나 그도 시간이 무엇인지 말할 수는 없었다. 사람은 알지만 말할 수 없는 시간에 대한 두려움을 통제하기 위해 시계를 만들었는지도 모르겠다. 시계는 사람으로 하여금 시간의 흐름을 상기시켜 준다. 시침과 분침은 약속한 한 방향으로 끊임없이 움직인다. 그 모습을 통해 우리에게 시간의 영원성과 덧없음을 동시에 보여 준다. 시간은 또한 누구에게나 공평하다. 가난한 사람이든 부유한 사람이든, 키가 큰 사람이든 작은 사람이든, 학력이 좋은 사람이든 그렇지 않은 사람이든, 사람이라는 존재는 모두 하루 24시간이라는 시간을 공평하게 선물받았다. 시간은 그렇게 똑같이 주어지지만 시간의 질은 주어진 시간을 어떻게 살아가느냐에 따라 가지각색이 된다.

회복과 성장을 위해서는 시간에 대한 생각을 재정립해야 한다. 많은 사람이 시간을 우선순위별로 활용해야 한다고 여긴다. 가장 중요한 것을 놓치고 시간을 관리하는 스킬만 강조한 방법이다. 시간을 잘 사용하기 위한 방법은 시간을 사용하는 우리 마음에 달려 있다. 결국 시간 관리는 시간을 대하는 생각 관리이며 마음 관리다.

문명의 발달이 우리에게 더 많은 시간을 누리게 해 줄 것이라는 기대가 있었다. 그러나 인류가 이룩한 기술들은 우리로 하여금 더욱 분주한 삶을 살도록 부추기고 있다. 가장 쉬운 예로 휴대전화를 들 수 있다. 다양한 기능이 집약된 획기적인 이 발명품은 시간을 더욱 효율적으로 관리할 수 있는 시스템이 될 것이라 여겼다. 그러나 실상은 효율적인 시스템을 활용해 더 많은 일을 처리할 것을 요구하고 있다. 과거 휴대전화가 상용화되기 전에는 휴가나 퇴근 이후 연락을 하는 것이 쉽지 않았다. 그러나 지금은 퇴근 후에도, 휴가 중에도 마치 업무를 하고 있는 착각이 들 정도로 시도 때도 없이 휴대전화가 나를 부른다. 값비싼 돈을 주고 산 물건이 오히려 족쇄가 된 셈이다. 족쇄는 어느 하나에 몰입하는 것을 허락하지 않는다. 그렇기에 시간을 잘 관리하기 위해서는 문명의 이기를 절제 있게 활용하는 지혜도 함께 필요하다. 문명의 이기를 무의식적으로 사용하다 보면 시간이 나를 살고 있는 건지, 아니면 내가 시간을 살고 있는 건지에 대해 생각할 여력조차 없게 되고 만다. 어쩌면 그게 당연한 것으로 설득당하고 있는 건지도 모르겠다.

사람들은 대부분 시간에 묶인 삶을 살아간다. 시간 밖에 사는 존재가 있다면 그 존재는 눈에 보이지 않는 존재일 것이다. 시간 속에 사는 삶에 좀 더 건강한 의미를 더하고자 한다면 시간을 중심으로 일을 하고 관계를 맺으며 가치를 추구할 것이 아니라 삶의 가치를 중심으로 일과 관계를 선택하고 시간을 적절하게 배분하는 방식을 시도해 보는 것이 좋다. 우리에게는 매일 새로운 하루가 주어진다. 그런데 우리는 이미 지나가 버린 과거, 혹은 아직 오지 않은 미래에 나를 묶어 두고 시간이 그저 흘러가도록 방치한다. 과거의 실패와 수치, 보이지 않는 미래에 대한 두려움으로 오늘의 시간을 허비하고 있는 것이다.

부모님의 사업 실패로 몸과 마음이 참 아팠던 시절, 잃어버린 건 사실 돈이 아니라 시간이었다는 생각이 든다. 그 일을 겪던 3~4년의 기억이 흐리다. 그 흐린 기억 속에서도 선명하게 기억나는 사건이 하나 있다. 출근길에 지하철을 탔는데 내 머릿속은 온통 고통받고 있는 가족들과 세상을 향한 원망이었다. 참 열심히 살아 온 부모님이었기에 더욱 안타까웠다. 도움이 되어 드리고 싶었지만 무엇 하나 내 힘으로 다시 찾을 수 있는 것이 없었다. 사실 그게 제일 힘들었던 것 같다. '가족들 모두 남에게 해 끼치지 않고 살아왔는데 왜 우리 가족에게 이런 일이 생겼지? 도대체 왜 나에게, 우리에게 현실은 이렇게도 냉혹한 거지? 뭐가 어디서 부터 어떻게 잘못된 거지?' 답을 찾을 수 없는 부정적인 질문들이 쉴 새 없이 쏟아졌다. 그렇게 나는 과거의 기억에 갇혀 있다가 한참이 지난 후에야 현실로 돌아왔다. 이미 내릴 역을 지나쳤던 그날의 출근길처럼 현실을 놓치고 살고 있었다는 사실을 깨달았다. 과거는 내 힘으로 어찌 해 볼 수 없는 지나간 일이다. 미래는 아직 오지 않은 내일이다. 더 이상 과거의 기억을 떠올리며 고통과 원망으로, 보이지 않는 미래에 대한 두려움으로 걱정하며 살고 싶지 않았다.

건국대학교 명예교수이며 헤븐리터치 미니스트리 대표인 손기철 교수는 그의 저서 『킹덤 빌더 라이프스타일』을 통해 과거는 역사History이며, 미래는 신비Mystery이고, 현재는 선물Gift이라고 했다. 과거는 실패와 원망의 기억 덩어리가 아닌 지혜와 교훈의 역사이다. 미래는 두려움과 걱정의 기억 덩어리가 아닌 꿈과 희망이 담긴 신비이며, 현재는 신기루 같은 것이 아니라 오늘 내가 여기에 살아 있다는 선물이다.

"Yesterday is history, Tomorrow is a mystery, and Today is a gift."

크로노스의 시간, 카이로스의 시간

> 내가 발가벗은 이유는 사람들의 눈에 잘 띄려 함이고, 앞머리가 많은
> 이유는 내가 누구인지 사람들이 쉽게 알아차리지 못하게 하려 함이고,
> 내가 앞에 있을 때 쉽게 잡을 수 있도록 하려 함이며, 뒷머리가 대머리
> 인 이유는 내가 뒤로 지나가 버리면 다시는 잡지 못하도록 하려 함이
> 다. 어깨와 발뒤꿈치에 날개가 달린 이유는 최대한 빨리 사라지려 함이
> 고, 저울을 들고 있는 이유는 기회가 생겼을 때 저울을 꺼내 정확히 판
> 단하라는 뜻이며, 날카로운 칼을 들고 있는 이유는 칼같이 결단하라는
> 의미다. 나의 이름은 '기회Opportunity'다.
> – 이탈리아 토리노 박물관의 카이로스 조각상에 새겨져 있는 글

성경과 고대 헬라어(그리스어)에는 시간을 의미하는 두 개의 단어가
있다. 성경의 신약이 헬라어로 기록되었기 때문인지 성경과 헬라어에서
사용하는 시간에 대한 단어는 동일하다. 그런데 그 의미는 조금 다른
듯하다.

헬라어로 시간을 의미하는 단어는 '크로노스'와 '카이로스'이다. 크로
노스는 제우스의 아버지이며 시간의 지배자다. 과거·현재·미래의 방향으
로 연속해 흘러가는 객관적이고 정량적인 시간을 의미한다. 카이로스는
제우스의 아들이며 기회의 신이다. 카이로스는 의식적이고 주관적이며
정성적인 시간을 의미한다. 터닝 포인트가 되는 결정적인 순간이나 기회

를 의미하기도 한다.

성경에서 말하는 두 종류의 시간에 대해서는 『카이로스』의 저자이며 수학박사인 고성준 교수의 설명을 빌려 간략하게 살펴보고자 한다. 하나님은 보이는 세계와 보이지 않는 세계를 창조하셨다. 이에 따라 시공간도 두 종류이다. 물리적인 시간을 의미하는 크로노스의 시간과 영적인 시간을 의미하는 카이로스의 시간이다. 크로노스는 보이는 세계에 존재하며 땅의 시간이다. 카이로스는 보이지 않은 세계에 존재하며 하늘의 시간이다.

크로노스	카이로스
• 과거·현재·미래의 방향으로 연속해 흘러가는 객관적이고 정량적인 시간 • 물리적인 시간 • 보이는 세계에 존재하는 땅의 시간	• 의식적이고 주관적이며 정성적인 시간 • 영적인 시간 • 보이지 않는 세계에 존재하는 하늘의 시간

사람은 크로노스의 시간 속에 살면서 카이로스의 시간을 경험할 수 있다. 인류의 역사나 인생의 방향을 결정하는 중요한 순간은 양적 시간에 따라 일어나는 것이 아니다. 시간을 따르며 시간이 이끄는 대로 살아가는 크로노스의 시간보다 의미를 부여하며 영적인 기쁨을 누리는 카이로스의 시간이 존재의 주체성을 경험하는 순간이 된다. 카이로스의 시

간은 사람으로 하여금 태어난 이유와 살아갈 분명한 뜻을 발견하게 한다. 내 삶에 의미가 생기는 것이다. 그 의미를 나는 'Calling'이라고 부른다. 'Calling'이 확인되는 순간 크로노스의 시간이 카이로스의 시간으로 변화하며 회복과 성장의 시간을 인생에서 맛보게 된다.

> 급한 일은 대체로 중요하지 않고 중요한 일은 대체로 급하지 않다.
> – 드와이트 아이젠하워(미국의 군인, 정치가)

크로노스의 시간을 카이로스의 시간으로 누리기 위한 방법의 하나가 바로 아이젠하워 매트릭스Eisenhower Matrix를 활용하는 것이다. 드와이트 아이젠하워Dwight D. Eisenhower는 미국의 34대 대통령이자 노르망디 상륙작전을 지휘한 영웅적인 인물로 평소 시간 관리에 매우 엄격했다고 한다. 그는 프레임을 사분면으로 분류하여 일의 우선순위에 따라 시간을 점검하고 활용하도록 했다.

바쁘다고 해서 정말 원하고 바라는 삶을 사는 것이 아닐 때가 있다. 혹은 시간을 헛되이 낭비하면서도 그 사실을 망각하고 지내기도 한다. 시간을 보낸다는 것은 단순히 시간의 흐름만을 의미하지 않는다. 그 안에는 일과 사람의 관계가 존재한다. 살아가면서 우리는 일을 하거나 사람을 만난다. 다른 사람을 만나지 않을 때는 나와 만나는 시간을 갖기도 한다. 현재 자신이 시간을 어떻게 사용하고 있는지 파악하려면 일과 관계의 프레임으로 생각하는 것이 도움이 된다.

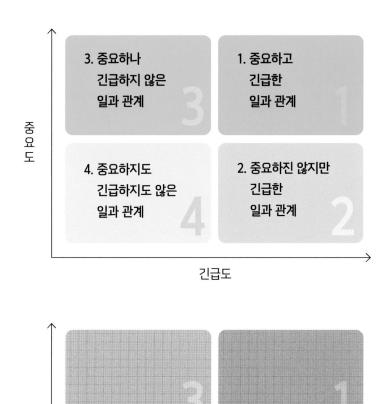

일과 관계의 중요도와 긴급도 정하기

3. 중요하나
   긴급하지 않은
   일과 관계

1. 중요하고
   긴급한
   일과 관계

4. 중요하지도
   긴급하지도 않은
   일과 관계

2. 중요하진 않지만
   긴급한
   일과 관계

중요도

긴급도

중요도

긴급도

① **중요하고 긴급한 일과 관계**

　신속하게 처리해야 하며 꼭 필요한 일과 관계에 대한 부분이다. 기본이지만 일상생활의 중요한 부분이며 업무적으로는 기한을 지켜야 하기에 행동이 요구된다. 이 영역의 일과 관계는 중요한 결과로 연결되기도 한다. 기본이지만 중요한 일상생활의 활동은 식사, 잠, 샤워 등이 포함되며 업무적으로는 급히 마감해야 하는 보고서나 미팅, 상담, 이메일 처리, 회의, 보고 등이 있다. 중요하고 긴급한 일과 관계에서도 우선순위를 생각해 보고 가장 중요한 것부터 처리해야 한다.

② **긴급하나 중요하지 않은 일과 관계**

　신속하게 처리해야 하는 일이라 많은 사람이 대개 이 영역의 일과 관계를 매우 가치 있는 일이라 착각하기도 한다. 중요하지만 긴급하지 않은 영역을 소홀하게 만들며 이 영역의 일과 관계로 인해 좀 더 중요한 일과 관계에 대한 집중력을 분산시키기도 한다. 따라서 이 영역은 정신을 바짝 차리고 긴급성에 쫓겨 시간을 낭비하지 않도록 해야 한다. 불필요한 회의나 자잘하고도 단순한 업무들, 의례적인 인사로 진행된 만남 등이 이에 해당한다. 이런 일과 관계가 많아지면 실제로 바쁘게 시간을 보내지만 생산성은 거의 없다고 볼 수 있다.

③ **중요하나 긴급하지 않은 일과 관계**

　오랜 시간과 에너지를 필요로 하는 일과 관계이다. 이 영역은 삶의 보람을 경험하게 하는 영역이기도 하다. 내 경우 센터의 리더를 양성하는 일이 그랬다. 5년의 세월 동안 내가 배우고 경험한 것들을 가르치고 현장에서 직접 경험하게 하면서 공동의 가치를 형성하고 마인드를 기를 수 있도록 시간과 에너지를 투자했다. 후회가 없을 만큼 잘 성장한 리더 코치들 덕분에 이 영역의 일과 관계가 얼마나 중요한지 깨닫게 되었다. 긴급하지 않다는 이유로 이 영역을 방치해 두면 언제고 이 영역의 일은 긴급하고 중요한 일이 될 수 있다. 따라서 미루기를 중단해야 한다. 명확한 목표를 설정하고 단계적으로 실행계획을 세우고 실천하는 것이 중요하다.

④ 긴급하지도 중요하지도 않은 일과 관계

우리의 무의식적인 나쁜 습관과 연관되어 있는 영역이다. 불필요한 TV 시청, 의미 없이 보고 있는 휴대전화, 게임, 중독적인 행동, 인터넷 서핑, 무의미한 시간 때우기 채팅 등이 이에 해당한다. 계획이나 절제 없이 환경에 자신을 맡겨 두고 원하는 삶과는 전혀 다른 일과 관계를 하고 있는 것이다. 이런 시간이 길다면 현실 세계를 회피하고자 하는 것은 아닌지 점검해 보아야 한다. 가상 세계로의 몰입은 현실 세계의 몰입을 현저히 낮아지게 한다. 이렇게 에너지를 불필요한 영역에 쓰게 되면 무기력함과 우울증 등을 경험하기도 한다. 따라서 이 영역의 일과 관계는 최소화해야 한다.

바람직한 시간 사용

| 01 중요하고 긴급한 일과 관계 | → | 03 중요하나 긴급하지 않은 일과 관계 | → | 02 긴급하나 중요하지 않은 일과 관계 | → | 04 긴급하지도 중요하지도 않은 일과 관계 (마지막 단계는 최소화!) |

오늘의 변화를 위한 미래지향적 관점

코칭은 미래지향적 관점, 즉 선제적 관점을 취한다. 원하는 미래를 상상하고 그 상상이 믿음으로 발현되는 오늘을 사는 것이다. 성공학의 아버지라 불리는 나폴레온 힐Napoleon Hill은 탄광과 야적장의 매니저 일을 하다 변호사가 되기 위해 법대에 입학했다. 학비를 벌기 위해 신문사에 글을 기고하게 되었고, 이후 앤드류 카네기Andrew Carnegie를 만나면서 인생의 전환점을 맞이하게 된다. 힐은 카네기가 전해 준 성공한 기업가 507명을 20년간 직접 인터뷰하여 20세기 최고의 성공철학서로 평가받는 『생각하라 그러면 부자가 되리라Think and Grow Rich』를 출간했다. 여기서 힐은 "상상력이야말로 잠재의식을 창조적으로 활용할 수 있는 중요한 수단이다. 상상력은 좋은 계획이라는 씨앗을 만들고 그것을 잠재의식이라는 밭에 뿌린 후 신념이라는 물을 주면 새로운 창조가 이루어진다"고 이야기했다. 물론 성공적인 삶에 대해서는 사람마다 두는 의미가 다를 것이다. 그러나 상상하는 힘이 우리에게 가져다 주는 유익에 대해서는 동의할 수 있지 않을까 한다.

상상하는 힘 ➡ 성공적인 삶

원하는 미래를 그리는 상상은 미래의 기억이 된다. 뇌는 현실(기억)과 상상을 구분하지 못한다. 원하는, 혹은 좋은 결과를 계속 상상하면 그 일에 대해 긍정적인 감정이 형성된다. 감정이 긍정적으로 형성되면 상상하며 그리고 있는 그 일에 대해 더욱 관심이 생기고 이루고자 하는 의지가 발동된다. 미래를 상상하며 원하는 목표를 명확히 그릴수록 이루어질 것에 대한 믿음은 선명해진다. 여기서 상상의 기준이 되는 'Calling'은 공동체적이고 도덕적인 가치를 수반해야 한다. 미래 기억은 먼발치에 있는 것이 아니다. 선제적 관점을 갖는다는 것은 미래를 바꾸겠다는 의지가 아니다. 목적이 수단이 되어 현재의 구체적인 행동 방향을 설정하고 계획하여 오늘을 변화시키려는 것이다.

크로노스의 시간 속에서 카이로스의 시간을 경험하기 위해서는 미래의 기억이 오늘에 이루어진다는 믿음이 스스로에게 있는지 묻고 확인해야 한다. 이것은 이루어질 것을 믿는 것이 아니라 이미 이루어진 것을 믿는 마음의 태도를 말한다. 믿음이 없는 미래 기억은 공상에 지나지 않는다. 물론 혹자는 "그럼 믿는다고 다 됩니까?"라고 반문할 수도 있다. 물론 믿음이 모든 것을 이루어내는 것은 아닐지 모른다. 미국의 심리학자 샤드 햄스테더Shad Helmstetter 박사는 "인간은 하루에 5~6만 가지의 생각을 하는데 이 생각 중 75%인 3~4만 가지의 생각은 자신의 의도와 상관없이 부정적으로 흘러 행복보다는 불행을 더 많이 생각하고 부정적인 시각으로 자신을 바라보며 세상을 평가하게 된다"고 말했다. 우리가 습관적으로 해 왔던 보이지 않는 미래에 대한 두려움과 걱정으로 만들어 낸 기억보다는 긍정적으로 내일을 그리는 미래 기억이 우리의 삶을 더욱 건강하고 의미 있게 만들어 줄 것이다.

선제적 관점을 갖고 원하는 미래를 긍정적으로 건강하게 그리는 작업은 의식적으로 반복적인 연습이 필요하다. 우리의 뇌는 익숙한 것을 따라간다. 좋은 것을 따라가는 것이 아니라 습관적인 것을 따라가기에 반복적인 연습을 통해 선제적 관점이 습관이 되도록 해야 한다. 선제적 관점으로 매일의 삶이 카이로스의 시간이 되었으면 한다.

1. **망상활성계(RAS)를 활용하여 원하는 미래 기억을 현실이 되게 한다.**

망상활성계RAS란 뇌간에 집중되어 만들어진 시스템이다. 후각 정보를 제외한 감각기관의 모든 정보는 RAS를 거쳐 뇌로 들어간다. 외부 세상이 주는 정보를 뇌로 보낼 것인지 결정하는 역할을 RAS가 하는 것이다. RAS는 주의력과 집중력을 관장하는 신경전달물질인 도파민과 노르에피네프린을 분비하여 뇌로 하여금 학습, 자기통제, 동기부여 등을 하게 하며 우리의 인식 내용과 각성 수준에 엄청난 영향력을 미친다. 그런 이유로 RAS는 뇌의 활성화 버튼이며 동기를 제공하는 중앙 센터로 불린다. 또한 RAS에는 GPS와 검색엔진 기능이 있다. 따라서 RAS가 나의 성장을 돕는 정보를 검색하고 뇌에 전달할 수 있도록 어떤 생각을 품을 것인지에 대한 의지적인 선택과 지속적인 생각 관리가 중요하다.

뇌과학자들에 의하면 인류의 RAS는 부정적인 방향으로 흘러왔다고 한다. 인류 역사를 100으로 볼 때, 전쟁이 없었던 시기는 고작 8에 불과하다. 그 결과 두뇌의 초점이 오로지 생존에 맞추어져 있었던 것이다. 그러나 오늘날 우리가 원하는 성공적인 삶을 살기 위해서는 RAS를 긍정적인 정보에 초점을 맞추는 시스템으로 변화시켜야 한다.

잠시 눈을 감고 레몬을 한 입 베어 무는 상상을 해 보자. 상상력이 좋다면 입 안에 침이 고이는 현상을 경험할 것이다. 레몬의 예를 통해서 보듯 우리의 뇌는 상상과 실제를 구분하지 못한다. 따라서 RAS를 변화시키기 위해서는 상상과 실제를 구분하지 못하는 뇌의 특성을 활용해야 한다.

2. **표상체계를 활용해 상상을 연습할 수 있다.**

NLP란 '신경 언어 프로그래밍Neuro-linguistic Programming'의 약자로 NLP는 캘리포니아주립대학교의 리처드 밴들러와 언어학자인 존 그린더가 만든 행동 모델 기법이다. NLP에 따르면 사고, 기억, 창의, 연상 그리고 다른 인지 과정들은 인간의 신경체계 안에서 실행되는 프로그램의 결과이다. 경험은 우리의 감각과 밀접한 관련이 있다는 것이다.

인간은 오감적 차원, 즉 시각적Visual, 청각적Auditory, 신체감각적 Kinesthetic, 후각적Olfactory, 미각적Gustatory 차원에서 이 세상을 인식하고 표상한다. NLP에서는 이를 표상체계Representational System라고 한다. 표상이란 어떤 객체나 경험을 자신의 뇌 속, 즉 마음을 대표해 떠올리는 그림 혹은 상象을 말한다. 코칭에서도 오감적 차원을 활용하여 원하는 미래의 상을 구체적으로 그리는 연습을 한다. 구체적으로 그려진 상상은 기억으로 저장되어 오늘이라는 시간을 살아갈 때 수많은 선택이 미래 기억에 가까워지도록 돕는다.

표상체계를 활용해 상상하기

눈을 감고 편안하게 깊은 호흡을 3~4차례 한 후 원하는 모습이 무엇인지 천천히 생각해 보자. (공동체적이며 도덕적 가치를 수반한) 그 모습을 기준으로 나의 미래를 그려 보는 것이다. 상상에는 한계가 존재하지 않는다. 구체적으로 보이고 들리고 느껴지는 것들을 작성해 보자.

V 시각적
(Visual)

A 청각적
(Auditory)

K 신체감각적
(Kinesthetic)

O 후각적
(Olfactory)

G 미각적
(Gustatory)

위의 활동은 한 번에 그치는 것이 아니라 지속적으로 하는 것이 좋다. 그렇게 한다면 놀랍게도 미래 기억은 더 구체화되고 선명해진다. 이런 활동과 연습이 미래 기억을 담당하는 전두엽을 활성화시키기 때문이다. 전두엽이 활성화되면 다음과 같은 현상들이 발생한다.

① 두뇌가 미래 기억을 진정한 현실로 받아들이게 된다.
② 두뇌가 미래 기억과 실제 현실 사이의 간격을 인식한다.
③ 두뇌가 미래 기억과 실제 현실 사이의 간격을 수정이 필요한 오류로 인식한다.
④ 두뇌가 오류를 수정하기 위해서 무의식의 힘을 사용하기 시작한다.
⑤ 두뇌가 주인에게 미래 기억을 현실로 만들 수 있는 능력을 부여하기 시작한다. 이로 인해 열정과 의지력, 지혜와 같은 내적 성찰 능력이 성장한다.
⑥ 미래 기억과 실제 현실 사이의 간격이 점점 메워진다.
⑦ 미래 기억이 실제 현실이 된다.

내가 꿈을 이루면 나는 누군가의 꿈이 된다

나사렛대학교 사회복지대학원에서 '사회복지 현장을 위한 회복 코칭'이라는 과목을 강의했다. 그 시절 그때, 현재 동료로서 함께 활동하는 김선화, 김지애 코치를 만나게 되었다. 장애인에 대한 편견을 걷어 내고 내 꿈에 한 자리를 차지한 분들이다. 이 두 분을 만나면서 장애인들도 함께 코치로 활동했으면 좋겠다는 꿈을 꾸게 되었고, 미투위코치센터는 장애인과 비장애인 코치가 함께 회복과 성장을 이루는 코칭 센터로 닻을 올리게 되었다.

두 분의 도전은 대학원 코칭 교육을 마친 후에도 계속됐다. 전문 코치로 활동하기 위해 추운 겨울, 눈이 가득 쌓인 길을 가로질러 학교로 향하던 두 분의 열정이 지금도 생생하다. 서울과 구미에서 사는 두 분이 천안까지 오는 거리는 그리 짧지 않았을 것이다. 무엇이 두 분에게 그런 열정을 불러일으켰을까? 두 분 다 휠체어를 이동 수단으로 사용하는데 함께 걷다 보면 그 걸음이 너무도 빨라 내가 따라가기 힘들 정도였다. 그 빠른 걸음만큼이나 성장도 빠른 분들이었다. 한국코치협회 코치 인증 시험을 한 번에 합격하고 당당하게 코치로서의 활동을 시작했다.

수업 중 이런 질문을 한 적이 있다. "코치가 된다면 어떤 코치가 되고 싶습니까?" 그때 선화 코치는 이렇게 대답했다. "선한 영향력이 있는 코치가 되어 장애가 있는 학생들을 돕고 싶습니다." 그런데 정말 그녀는 본인이 그렸던 모습의 코치가 되었다. 선화 코치와 지애 코치는 나사렛대학교 장애학생지원센터에서 진행하는 멘토링 프로젝트에 멘토(코치)로 참여해 학생들의 마음을 어루만지고 눈물을 닦아 주며 다시 일어설 수 있도록 회복과 성장을 도왔다.

장애학생들 취업 코칭을 위해 여의도에 위치한 한 고등학교에 방문한 적이 있다. 그런데 한 남학생이 나사렛대학교에 꼭 입학하고 싶다며 면접을 잘 볼 수 있도록 교육해 달라는 것이다. 면접이 며칠 후라 밤까지 새우며 연습을 하고 있다고 했다. 그렇게 간절하게 가고 싶은 이유가 있느냐고 묻자 나사렛대학교에는 장애학생도 잘 성장할 수 있는 시스템이 갖추어져 있다는 것이다. 사실 대학원에서 코칭 수업을 할 때는 학교에 대해 그리 자세히 알지는 못했다. 그런데 장애학생지원센터와 다양한 사업을 함께하면서 학교의 모습이 눈에 들어오기 시작했다. 나사렛대학교는 발달장애학생들의 성장을 돕고 지원하기 위한 브리지 학부가 마련되어 있다. 학부뿐 아니라 장애학생지원센터를 통해서 장애유형별로 지원받을 수 있는 프로그램과 시스템도 준비되어 있다.

장애학생들도 저마다 품은 꿈들을 꽃 피우기 위해 노력한다. 나도 그 꿈의 지지자가 되었고, 이제는 그 꿈이 내 꿈이 되었다. 이렇게 내 소명은 **'장애인과 비장애인 코치가 함께 세상에 나아가 회복과 성장을 이루는 것'**이 되었다.

선화 코치의 열정 덕분에 우리 센터는 2018년 나사렛대학교 장애학생지원센터와 업무협약을 체결하고 지금까지 장애학생들에게 다양한 주제로 코칭을 하고 있다. 학생들이 내면의 회복을 이루고 원하는 미래를 그리며 성장할 수 있도록 돕는 이 일은 정말 무엇과도 바꿀 수 없는 가치 있는 일임을 온 마음으로 경험하고 있다. 장애학생들의 회복과 성장이 내 꿈에 커다란 부분을 차지하기 시작한 건 그들이 또 다른 누군가의 멘토로, 코치로 서는 모습을 보게 되었기 때문이다. 회복과 성장은 향기가 되어 누군가에게 전해진다. 아름다운 선순환이 일어나는 것이다.

어느 날, 선화 코치가 박사과정을 두고 깊은 고민에 **빠졌다**. 건강 상태에 적신호가 나타나면서 여러모로 고민이 되었던 모양이다. 그리고 며칠이 지나고 박사과정을 시작하기로 결정했다는 소식을 전해주었다. 어떤 이유로 결정을 하게 되었는지 궁금해서 물었다.

"제가 박사과정을 결정한 건 말이죠. 저를 위한 일이기도 하지만 저처럼 고민하는 후배들이 저를 보고 용기를 내 도전할 수 있었으면 해서였어요. **제가 꿈을 이루면 제 꿈이 누군가의 꿈이 될 수 있잖아요.**" 선화 코치의 메시지는 나의 마음 판에 새겨졌다.

얼마 전 공기업 취업을 준비하는 학생들을 대상으로 한 취업 코칭을 진행하였다. 그중 한 학생으로부터 다음과 같은 내용의 메일을 받았다.

> 코치님의 강의를 들으면서 더 열심히 준비해야겠다는 의지가 생겨서 좋았습니다.
> 첫날에는 코치님 말씀에 울컥해서 잠시 화면을 끈 적도 있어요.
> 저조차도 장애는 극복해야 되는 것이라고 생각했는데 잘못 생각하고 있었다는 걸 깨달았습니다.
> 극복해야 된다는 생각 때문에 통증 하나 못 이기는 제가 너무 나약하고 의지 없는 사람으로 느껴졌었거든요. 코치님 덕분에 제 장애랑 통증을 잘 데리고 살아야 하는 또 하나의 나라고 생각할 수 있었어요.
> 저는 골괴사가 진행 중이라 앞으로 몸이 더 안 좋아질 것이란 생각 때문에 제 장애가 짐처럼 느껴졌어요. 취직을 하더라도 제 장애가 조직 생활에 방해

될까 봐 걱정만 했었습니다. 마음을 바꾼다고 몸이 나아지는 건 아니지만, 마음이 한결 편안해졌답니다.

그리고 제가 꿈을 이루면 제가 누군가의 꿈이 될 수 있다는 말씀 잘 기억하면서 포기하지 않고 나아가겠습니다.

내게 메일을 보낸 여학생은 공기업 1차에 합격했다는 기쁜 소식을 전하며 앞으로 치를 2차 면접도 잘 준비하고 있다고 덧붙였다. 그녀의 멋진 답변은 힘들고 어려운 순간 내게도 메아리가 되어 다시 들려온다. '지연아, 포기하지 않고 꿈을 이루면 너는 누군가의 꿈이 될 수 있어. 아이를 양육하며 일하는 워킹 맘들에게, 공황장애를 가지고도 이 삶을 살아 내고 있는 누군가에게, 가정이 재정적으로 무너져 앞이 안 보이는 사람들에게, 그러니 가자, 오늘도 살아 내 보자.'

내가 원하고 그리는 미래는 그랬다. 나처럼 아픔과 고통의 시간을 겪은 사람들이 회복되고 성장을 이루어 또 누군가의 회복과 성장을 돕는, 그런 사람들이 많은 세상 말이다. 그 세상을 위해 내 삶을 조금 더 기쁨으로 헌신하는 오늘이 감사하다. 물론 마음먹은 것처럼 헌신이 늘 감사하지 않을 때도 있다. 작은 상처에 화들짝 놀라기도 한다. 그럼에도 불구하고 내가 원하는 미래를 그리다 보면 그 미래의 기억이 오늘의 내 모습을 성찰하게 한다. 돌아보고, 점검하며 완벽하지 않아도, 실수를 해도, 내일은 조금 더 다르게 살아 보려 하는 스스로가 기특해진다.

07

숙면
Resilience Coaching

잠재된 능력을 여는 열쇠
숙면

삶의 질을 높여 주는 중요한 요소 중 하나가 바로 잠이다. 그런데 잠은 죽어서 자는 거라며 우리는 잠에 인색한 경우가 많다. 건강한 삶을 위해 필수적인 잠을 방해하는 여러 요인이 있다. 내 경우에는 부정적인 생각이 가장 큰 원인이었다. 과거의 나처럼 생각 관리가 안 되어 잠을 못 이루는 이들도 있지만 문명의 이기로 야행성 생활 패턴이 익숙해진 사람들도 숙면을 취하기가 힘들다. 이런 생활 패턴은 삶의 균형을 깨트린다. 체력이 약해지고 면역력이 낮아지며 불면증과 우울증에 시달리게 되기도 한다. 우리가 매일같이 챙겨 먹는 영양제보다 일상의 회복된 삶을 위해 중요한 것은 수면이다.

그렇다면 얼마나 자야 할까? 성인의 경우 가장 적절한 수면 시간은 6시간에서 7시간 반이고, 잠들어야 하는 최적의 수면 시간은 22시 30분에서 23시 사이라고 한다. 전문가들은 잠의 회복을 돕는 방법으로 수면 위생이 아주 중요하다고 이야기한다. 잠들기 한 시간 전부터 전자기기를 보지 않고, 수면 패턴을 만들기 위해 매일 정해진 시간에 잠자리에 드는 노력이 필요하다. 자기 전 몸과 마음의 이완도 중요한 요인으로, 따뜻한 물로 샤워를 하거나 잔잔한 음악을 듣는 것도 방법이 될 수 있다. 걱정과 염려, 불안이라는 생각이 원인이 되어 잠들지 못하는 경우는 생각을 잠재울 다른 방법이 필요하다. 가장 추천하고 싶은 방법은 감사 일기를 작성하는 것이다. 캘리포니아대학교의 로버트 에먼스Robert Emmons 교수는 감사하는 마음은 수면의 질을 개선한다고 했다. 숙면을 취하고 싶으면 양을 세기보다는 감사한 마음을 떠올리는 것이 훨씬 효과적이라는 것이다. 감사를 생각으로만 찾다 보면 부정적인 생각이 습관적으로 개입할 수 있기 때문에 감사를 찾을 때는 생각을 글로 작성하는 것이 더 좋다. 감사할 것을 적어 내려가다 보면 부정적인 생각이 상쇄되고 감사로 점점 더 몰입하게 된다.

숙면을 위해서는 생체리듬이 정상적으로 작동해야 한다. 밤이 되면 뇌의 뒤쪽에 있는 송과선에서 잠을 유도하는 호르몬인 멜라토닌이 분비된다. 반면 햇빛을 받으면 멜라토닌의 분비는 감소하고, 우리 마음의 평화와 안정감을 주는 호르몬인 세로토닌이 만들어진다. 사실 멜라토닌은 세로토닌의 변형이다. 아미노산의 일종인 트립토판이 세로토닌을 거쳐 멜라토닌으로 바뀌는 것이다. 그래서 빛의 자극은 세로토닌을 분비시키는 동시에 송과선에서 멜라토닌을 합성하고 저장하게 한다. 따라서 밤에 숙면을 취하고 싶다면 낮 시간 동안 30분에서 1시간 정도 산책하면서 햇빛을 보는 것이 좋다. 그렇게 2주일 정도 실천하면 변화를 경험하게 된다. 다만 3개월 이상 지속해도 변화가 없다면 전문의를 찾아가 수면 치료를 받고 잠의 회복을 이루어야 한다.

잠은 우리의 기억을 정리하고 강화시키는 중요한 과정이다. 잠을 자는 동안 우리의 뇌는 저장된 정보를 재생하고 오래된 기억과 대조해 앞으로 기억해야 할 정보와 다각적으로 연결한다. 그래서 잠들기 전 기억이 중요한 것이다. 감사의 풍성함으로 새로운 기억들을 저장시켜 뇌와 잠재의식을 적극적으로 활용하는 삶을 살아 보자. 잠은 우리의 몸과 마음을 회복하는 시간이며, 깨어 있을 때는 경험하지 못하는 직관과 창의적인 생각이 발현되는 시간이다. 잠은 과거의 수고를 격려하고 오늘의 삶을 정돈하며 내일의 삶을 시작하는 시간이다.

- 당신에게 잠은 어떤 의미입니까?
- 잠자는 시간을 온전히 누리고 계신가요?
- 잠이 당신에게 주는 유익이 있다면 어떤 게 있을까요?
- 잠 대신 줄여야 할 것이 있다면 무엇입니까?
- 잠에 대한 당신의 관점을 재정립하기 위해 무엇이 필요할까요?

08

감사
Resilience Coaching

성장의 사다리
감사

....
"가장 풀기 어려운 산수는
우리가 받은 축복의 덧셈이다."
– 에릭 호퍼(사회학자, 작가)

강력한 회복의 힘이 감사에 있음을 알게 된 건 이지선 교수의 『지선아 사랑해』를 읽게 되면서였다. 사고로 화상을 입고 고통 속에서 헤매던 그녀의 절규는 엄마와의 하루 감사 찾기를 하면서 달라지기 시작했다. 나 역시 그녀의 글을 읽어 내려가면서 삶에 감사를 찾아야겠다는 결심을 하게 되었다.

사방을 둘러보아도 길은 보이지 않고 사막 한가운데에, 광야에 버려져 있는 느낌이었습니다. 눈을 감지 못하니 밤이면 안대를 눈에 올려놓고 잠을 잤습니다. 아침에는 눈에 가득 고여 있는 누런 진물을 닦아내고, 그런 모습을 하고 있는 딸에게 엄마는 식사 때마다 붕대 사이로 흘러나오는 진물이 밥알과 함께 입으로 들어가는 것을 보면서도, 그걸 제게 먹일 수밖에 없는 하루하루가 계속되었습니다. 그런 저를 지켜보는 엄마 마음에도 절망이 찾아왔겠지요. 엄마는 이건 정말 사람이 할 짓이 아니라고, 사람 사는 게 아니라고 생각했다고 합니다. 그래서 엄마는 "하루 한 가지씩 감사할 거리를 찾자"고 하셨습니다. 앞으로도 뒤로도 갈 수 없는 그 상황에서 우리가 사람 사는 것처럼 살 수 있는 길은 '감사 찾기' 였습니다. 눈에 보이는 거라곤 원망하고 불평할 것밖에 없어 보였는데, 신기하게도 감사라는 것을 찾으니 있었습니다. 처음으로 제 발로 걸어서 화장실에 갔던 날, 이제 걸어서 화장실에 갈 수 있게 된 것에 감사했습니다. 처음 왼손으로 숟가락을 잡고 제 입에 밥을 넣을 수 있었던 날은 그것에 감사했습니다. 손에 피가 나도록 안간힘을 써도 열지 못했는데, 처음 문고리를 잡고 문을 열었던 날엔 또 이제 문을 열 수 있게 된 것에 감사했습니다. 처음 제 손가락으로 환자복 단춧구멍 하나를 채울 수 있었던 날, 그날은 그것에 감사했습니다. 걸어서 계단 몇 층을 올라가면 그날은 그것에 감사하고, 그런 일도 없는 날엔 살아 있어서 가족들과 눈 맞추고, 목소리를 들을 수 있음에 감사했습니다. 유일하게 하나도 안 다친 부분인 발을 씻으면서는 '그래도 씻을 수 있는 발이 있어 감사하다' 고 엄마랑 웃으며 고백했습니다.

– 이지선의 『지선아 사랑해』 중에서

그녀의 감사 찾기를 보면서 삶에 주어진 감사들을 너무나 당연하게 여기고 고통과 아픔에만 몰입하며 얼마나 스스로를 불쌍한 사람으로 만들었는지를 되돌아보게 되었다. 감정에도 끌어당김의 법칙이 있다. 두려움과 걱정, 염려라는 감정에 초점을 맞추면 그런 부정적인 생각이나 사건들을 우리 삶에 끌어당기게 된다. 마음이 부정적인 감정을 경험하면 우리의 뇌는 부정적인 사건과 기억들을 더 많이 찾아내고 결국에는 그 감정에 스스로 함몰된다. 삶이 어렵고 힘겨워질수록 우리는 감사를 찾아 나서야 한다.

감사하면 뇌 좌측의 전전두피질Prefrontal Cortex, PFC이 활성화되어 스트레스를 완화시켜 주고 행복감을 느끼게 해 준다. 심리학자들은 이렇게 감사를 찾는 의지를 '재설정Reset' 버튼을 누르는 것과 같은 효과라고 설명했다. 원하지 않는 감정 상태에 습관적으로 몰입될 때 감사를 찾는 것이 중요한 이유다. 부정적인 감정 상태에서 빠져나올 수 있는 최적의 방법이 감사인 것이다. 감사의 감정을 의도적으로 끌어당겨야 한다. 감사를 찾는 연습은 오늘을 행복하게 살게 하는 도구가 되어 준다.

감사의 긍정적인 영향은 여러 전문가에 의해 입증되었다. 하버드대학교 탈 벤 샤하르Tal Ben Shahar 교수의 연구에 의하면 암을 치료하고 통증을 해소하는 효과가 있는 엔도르핀의 4,000배 효과가 있는 다이도르핀은 우리가 감사할 때, 감동받을 때 만들어진다고 한다. 감사가 우리 몸의 치유제인 것이다. 『회복탄력성』의 저자 김주환 교수도 심신을 최적의 상태로 만들기 위해서는 긴장을 푸는 명상이나 기분 좋은 일을 생각하는 것보다 '감사하는 마음'이 훨씬 효과가 뛰어나다고 했다. 감사는 이렇듯 우리에게 좋은 것을 주려는 아름다운 의도로 우리의 선택을 기다리고 있다.

많은 부모가 자녀의 인성 교육에 큰 관심을 갖는다. 아이들이 바른 인성을 갖도록 내면의 방향을 잡아주는 것이 감사가 된다면 우리 아이들이 살아가는 세상은 지금보다 더 나아진 세상이 될 것이다. 감사란 살아 있는 모든 것에 대한 존중이다. 이를 위해 내가 먼저 감사의 입술을 갖고 살도록 노력해야 한다. 아이들은 동조 현상에 의해 자연스럽게 감사를 배우게 되고 감사의 삶을 누리게 된다. 동조 현상이란 하나의 진동이 다른 진동과 일치되거나 조화를 이루는 반응을 말한다. 쉽게 말하면 바로 솔선수범이다. 긍정적이고 밝은 사람을 만나면 그 에너지가 우리에게도 전달되는 것처럼 내가 먼저 감사하는 습관을 갖고 감사하는 사람이 되면 그 에너지가 아이들에게도 자연스럽게 전달될 수 있다. 감사는 자녀의 교육뿐 아니라 두 사람 이상이 모이는 조직에서도 건강한 문화를 만드는 데 기여한다.

감사하면 오늘을 행복하게 살고

감사하면 오늘 여기에 즐겁게 머물고

감사하면 감사한 일을 더욱 누리게 되는

감사하면 주변의 모든 것이 감사해지는

감사하면 부족함 속에서 풍요로워지는 것을

감사하면 나를, 내 삶을 사랑하게 됩니다.

    – 이지연 코치의 '감사 일기'

    몇 년간 감사 일기를 혼자 써 오다 첫째 아이가 3학년이 될 무렵부터 감사 교환일기를 쓰기 시작했다. 내가 먼저 감사한 내용을 일기로 쓰고 아이에게 전달하면 그다음은 아이가 써서 내게 건네주는 방식이다. 지금도 가장 기억에 남는 건 전학을 간 첫 학기에 아이가 작성한 감사 일기의 내용이다. 나의 감사 내용에 동조 현상을 보여 작성한 것도 있지만 8번에서 10번까지 작성한 내용은 내게 놀라움을 주었다. 아이가 스스로에게 감사하고 있었기 때문이다.

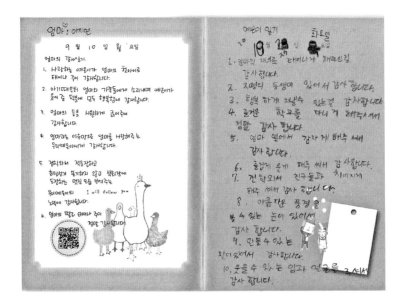

08. 아름다운 풍경을 볼 수 있는 눈이 있어서 감사합니다.

09. 만들 수 있는 팔이 있어서 감사합니다.

10. 웃을 수 있는 입과 얼굴을 주셔서 감사합니다.

스스로에게 감사하는 마음은 아이가 자신을 사랑할 줄 아는 방법이 된다. 아이와 감사 교환일기를 시도하고자 한다면 그보다 먼저 자녀의 성향에 대해 생각해 보기를 바란다. 자녀가 억지스럽게 감사에 참여하지 않도록, 감사가 하고 싶지 않은 일이 되지 않도록 살폈으면 한다. 무엇보다 가장 좋은 방법은 내가 먼저 감사하는 삶을 사는 것이다. 그러면 어느덧 내 주변 사람들도 감사에 젖어 드는 즐거운 경험을 하게 될 것이다.

감사 일기는 삶에 대한 내 마음을 새롭게 만들고, 어제와 오늘 그리고 내일을 향한 해석이 긍정적으로 변화하는 데 큰 도움이 된다. 감사 일기로 긍정적인 효과를 얻은 사람은 무척 많다. 나보다 훨씬 이전에 감사 일기로 삶을 회복하고 성장하여 성공을 이룬 유명한 여성 리더가 있다. 바로 미국의 방송인 오프라 윈프리다.

당신이 무엇의 확장을 추구한다면, 그리고 인생의 행복을 추구한다면, 당신은 바라던 것보다 더 큰 것을 이뤄낼 수 있다. 내 인생에서 어떤 일이 일어나든 감사하는 법을 배웠을 때 기회, 사람들의 관계, 심지어 부까지도 내게로 다가왔다.

– 오프라 윈프리(미국의 방송인)

그녀는 감사 일기를 통해 감사를 습관화한 것으로도 유명하다. 자신의 성공 비결을 감사라고 말한 그녀는 30년 넘게 감사를 써 나가면서 상처로 얼룩진 과거에서 벗어나 감사로 풍요로운 삶을 살게 되었다고 한다.

미국의 유명 심리학자 로버트 에먼스는 12살에서 80살 사이의 사람들을 상대로 한 그룹에는 감사 일기를 쓰도록 하고, 또 다른 그룹에는 일상의 아무 사건이나 적도록 했다. 한 달 후 놀랄 만한 차이가 발생했다. 감사 일기를 쓴 사람 중 4분의 3은 행복지수가 높게 나타났고 수면이나 일, 운동 등에서 더 좋은 결과를 나타냈다. 그저 감사했을 뿐인데 뇌의 화학구조와 신경전달물질이 달라진 것이다.

감사를 생각이나 말이 아닌 글로 쓰면 좋은 이유가 있다. 감사를 일기로 쓰는 과정에서 원하는 미래 기억을 현실이 되게 하는 망상활성계에 지대한 역할을 하기 때문이다. 사람의 몸은 모두 206개의 뼈로 이루어져 있는데 이 중 54개가 양손에 몰려 있다고 한다. 그래서 손으로 정교한 활동을 할 수 있는 것이다. 글씨를 쓰려면 손가락을 지속적으로 움직여야 한다. 이 과정에서 사고와 언어를 담당하는 부분과 정보를 저장하고 관리하는 뇌의 부분이 활성화된다. 미국의 심리학자 제임스 페니베이커James W. Pennebaker는 글쓰기에 치유의 효과가 있음을 입증하기도 했다.

- 신에게 감사한 것이 있다면 무엇입니까?
- 자신에게 감사한 것이 있다면 무엇입니까?
- 감사의 마음을 느끼게 한 사람이 있다면 누구입니까?
- 그 사람의 무엇이 당신에게 감사를 느끼게 했습니까?
- 삶에서 당연하게 여기고 있는 것은 무엇입니까?
- 당연하게 여겼던 것에 감사한다면 어떻게 감사해 보겠습니까?
- 감사 일기를 쓴다면 언제 쓰고 싶습니까?
- 어디에서 쓰겠습니까?
- 어떤 노트에 어떤 필기구를 사용하시겠습니까?
- 어떤 형식으로 쓰고 싶습니까?
- 감사를 통해 경험한 유익이 있다면 무엇이 있습니까?

09

프레임워크
Resilience Coaching

회복과 성장을 위한 새로운 대화법
프레임워크

....

"꿈은 인생의 방향성을 제시하는 것이지 속도는 아니다.
중요한 것은 자신이 원하는 바를 알고 그 방향으로
나아가는 것이다."
– 김수영의 『당신의 꿈은 무엇입니까』 중에서

변화를 싫어하는 뇌를 설득하라

리질리언스 코칭 프레임워크는 회복과 성장을 이루고자 하는 대화기법이다. 회복과 성장을 위해 우리는 이제 어떤 순서로 무엇을 물어야 할지 생각해야 한다. 리질리언스 코칭 프레임워크는 관계를 시작으로 목적을 발견하고 현실은 어떤지 인식하고 점검하며 발견된 목적을 수단으로 삶을 디자인한다. 디자인을 하고 나면 그 설계에 따라 실제적인 움직임을 갖는다. 활력 있는 계획의 실천 단계이다. 마지막으로 변화의 점검을 통해 회복과 성장을 확인한다. 그러나 변화의 점검 단계는 끝이 아니라 다시금 새로운 시작이다.

- **관계 형성(Relation)** 코칭의 시작 단계로 가장 중요한 단계이며 앞으로 진행될 코칭 과정에 가장 많은 영향을 끼치는 단계

- **목적_소명(Calling)** 존재의 이유와 목적을 확인하는 단계로 소명에 따라 작은 목표들이 만들어지는 단계

- **현실(Present)** 현재 나의 상황과 상태를 점검하고 확인하는 단계이며 동시에 오늘이 선물임을 인식하는 단계

- **디자인(Design)** 소명에 근거한 목표를 이루기 위한 설계 단계이며 실제 실행을 위한 내재적, 외재적 자원을 확보하는 단계

- **실행(Action)** 디자인된 계획을 실제로 행동하는 단계이며 행동을 위한 내적 강화가 필요한 단계

- **변화 점검(Change Check)** 실행 단계를 코치와 점검하고 회복과 성장으로의 변화를 확인하는 단계

1. 관계 형성(Relation)

코칭의 시작이자 핵심 단계이다. 실제 코칭에서 가장 공을 들이는 단계이기도 하다. 이 단계에서 코치는 고객과 신뢰 관계를 형성하는 것이 중요하다. 그래서 나는 몇 가지 가벼운 질문으로 상대방에 대해 이해하고자 한다. 그렇게 상대의 마음이 조금씩 열리고 표정이 달라지는 것을 확인하며 내 삶에 대한 이야기도 솔직하게 전달한다. 리질리언스 코칭이 필요한 현장은 대체적으로 삶에 대한 고민과 애환이 있는 분들이 많다. 잘 살고, 잘 먹고, 잘 나가는 이야기만 한다면 상처만 될 뿐이다. 물론 리질리언스 코칭의 목적이 회복과 성장에 있기에 지금의 단계에서 더 나

아가 그들이 원하는 삶을 볼 수 있도록 길을 함께 열어 가야 한다. 그러나 시작 단계에서는 아니다. 놀랍게도 코치의 솔직함과 코치가 어느 정도 삶을 오픈하느냐에 따라 상대의 반응과 코칭의 참여도가 달라지기도 한다. 이 단계에서 어느 정도의 깊이로 관계가 형성되느냐에 따라 회복의 깊이가 달라지며 미래 기억을 향한 상상력의 넓이도 달라진다. "저만 넘어진 줄 알았는데 당신도 넘어져 본 경험이 있군요"라는 공감대가 형성되면 코치가 내민 손을 거절하지 않고 살며시 잡고, 삶의 의미를 찾기 위한 길을 걷게 된다.

관계 형성을 위한 질문들

- 당신을 사물에 비유한다면 무엇에 비유할 수 있을까요?
- 그 사물을 선택하고 비유한 이유가 있다면 무엇인가요?
- 당신의 강점은 무엇입니까?
- 어떤 일을 할 때 스스로 만족감을 느끼나요?
- 시간 가는 줄 모르고 하는 일이 있다면 어떤 게 있나요?
- 앞으로 내 삶을 통해 이루고 싶은 가치들이 있다면 어떤 게 있나요?
- 그 가치를 이루는 삶이 당신에게는 어떤 의미가 있나요?
- 과거에는 실패라고 생각했지만 교훈이나 지혜가 남았던 일이 있다면 어떤 게 있으세요?
- 실패 속에서도 교훈과 지혜를 찾을 수 있던 비결은 무엇입니까?

관계 형성 단계에서는 앞서 설명한 자기이해를 돕는 질문들을 활용하면 도움이 된다.

2. 목적_소명(Calling)

소명의 단계는 '사람이 태어난 이유가 있고 나는 이 우주에서 해야 할 역할이 있다'를 전제로 진행한다. 소명은 삶의 숭고한 가치를 부여하며 살아갈 이유가 된다. 소명의 단계는 소명의 휠 매트릭스를 활용하여 진행하면 된다.

소명의 휠 매트릭스 ⟶ 내 삶의 방향을 설정할 단어 찾기

회복과 성장을 위한 소명의 휠 매트릭스는 삶의 중요한 8가지 영역에 대해 질문하며 의미와 가치를 찾도록 한다. 의미와 가치는 삶의 방향을 설정하고 존재를 움직이게 한다. 각 주제에 대한 질문에 의미와 가치의 단어로 답을 찾아보자.

① **정신** 당신의 자녀 혹은 제자, 피코치의 정신 속에 심어졌으면 하는 가치는 무엇입니까?

② **신체** 당신의 신체는 어떤 가치를 실천하기 위해 움직입니까?

③ **일** 일을 통해 당신이 이루고자 하는 가치는 무엇입니까?

④ **관계** 사람들과의 관계에서 당신이 가장 중요하게 생각하는 것은 무엇입니까?

⑤ **시간** 시간은 당신에게 어떤 의미입니까?

⑥ **재정** 재정을 통해 당신이 이루고 싶은 삶의 모습은 무엇입니까?

⑦ **성공** 성공은 당신에게 어떤 의미입니까?

⑧ **실패** 실패를 통해 배운 지혜와 교훈은 무엇입니까?

각 질문에 의미와 가치의 키워드로 답을 찾으면 된다. 아래의 가치
단어를 활용해 답을 찾아도 되고, 이외에 떠오르는 단어가 있다면 그
단어를 선택해도 좋다.

감사	겸손	경청	고귀함	공감
공정함	공존	관용	균형	긍정성
끈기	기쁨	능동성	도전	목적의식
명예	배려	배움	봉사	북돋움
분별력	사랑	사명	성실	성찰
소박함	신념	신뢰	신중	아름다움
안정	안전	열정	예의	용기
용서	이해	인내	인정	자기사랑
자제력	정의로움	정직	존중	지도력
지혜	진실함	진취성	집중	창의성
책임감	친절	평화	협동	희망

각 질문에서 찾은 답을 휠 매트릭스 주제 아래 칸에 작성하면 된다. 삶의 중요한 영역마다 채워진 가치와 의미 단어를 먼저 천천히 살펴본다. 그 단어들은 삶에 있어서 선택의 기준이 되고, 삶의 방향이 되어 당신을 앞으로 나아가게 하는 휠이 될 것이다.

다음으로 각 주제별 의미와 가치 키워드 중 핵심 키워드 3개를 고른다. 핵심 키워드를 3가지 고르는 이유는 다음과 같다. 인지 심리학의 대가라고 불리는 아트 마크먼Art Markman 교수는 『스마트 싱킹Smart Thinking』에서 사람이 어떤 정보를 머릿속에 넣었다가 다시 꺼내어 활용할 수 있는 양은 3개가 적정 수준이라고 주장했다. 이런 이유로 핵심 키워드 3개를 선택하고 그 단어로 사명 선언문을 만들어 보기 바란다.

사명 선언문

ex) 삶에 목적의식을 갖고 내면의 아름다움을 가꾸어 사랑을 실천한다.
존중이 담긴 배려의 삶을 통해 모든 사람의 존재가 고귀함을 알린다.
신념을 바탕으로 도전하고 정의가 살아있는 삶을 산다.
모든 것을 사랑으로 대하고 이해하며 공존하는 삶을 산다.

사명 선언문

나의 사명 선언문을 직접 작성해 보자.

이렇게 만들어진 사명 선언문은 우리의 마음과 생각 속에 늘 기억될 수 있도록 스스로 반복하여 보고, 읽고, 들려 주기 바란다. 그리고 이제는 그 사명이 이루어졌다고 믿으며 목적이 오늘의 수단이 되는 성장으로 나아가기를 바란다.

삶의 중요한 8가지 영역에 대한 질문에 답을 찾아 소명(목적)을 확인하고 나면 소명을 이루기 위한 작은 목표들을 세운다. 직업을 통해, 가정과 개인의 삶을 통해 이루고자 하는 작은 목표들을 세우는 것이다. 목표는 소망과 노력이 지향하는 최후의 지점, 행동의 과정들을 거친 뒤에 야기되는 상태나 상황을 의미한다. 목표는 본질적으로 개인이 혹은 집단이 원하는 상태나 결과다. 이는 곧 '소명을 이루기 위해 당신은 무엇을 하겠는가?'라는 질문에 대한 대답이기도 하다. 소명과 목표를 세울 때는 선제적 관점을 활용하여 원하는 삶을 상상하고 구체적으로 그려 나간다.

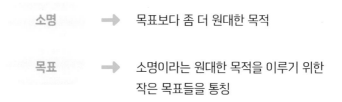

소명 ➡ 목표보다 좀 더 원대한 목적

목표 ➡ 소명이라는 원대한 목적을 이루기 위한
작은 목표들을 통칭

좀 더 원대한 목적인 소명을 이루기 위한 작은 목적인 목표를 세울 때는 스몰 스텝 전략을 활용해야 한다. 지나치게 원대한 목표를 오늘에 이루고자 하면 십중팔구 이루지 못하거나 무거워서 무너지게 된다. 우리의 뇌는 변화를 싫어한다. 뇌의 입장에서 환경이나 상황의 변화는 생존을 위협하는 신호이다. 따라서 변화가 급격하고 과격할수록 뇌의 저항은 강해진다. 변화를 싫어하는 우리의 뇌를 설득하여 이룰 수 있는 목표를 설정하려면 변화의 정도를 아주 가볍고 작게 만들어야 한다.

목표 설정을 위한 질문들

- 무엇에 대해 가장 이야기하고 싶은가요?

- 이 대화로 어떤 결과가 나오면 성공적이라고 할 수 있을까요?

- 우리가 함께하는 시간 동안 소명에 대해 이미 이루었다 상상하면 구체적으로 어떤 목표들을 세웠기 때문일까요?

- 그 목표를 좀 더 작게 세분화한다면 어떻게 표현할 수 있을까요?

- 여러 개의 목표가 있는 것 같다면 그중 어디에 초점을 맞추고 싶습니까?

- 그 목표가 타인의 변화가 아닌 당신에 의해서 결과가 좌우되도록 하려면 어떻게 바꾸어 말할 수 있을까요?
  (코칭의 목표는 다른 사람의 변화가 되어서는 안 되며 본인의 변화에 초점을 두고 목표를 설정해야 한다.)

- 당신이 목표를 이룬다면 어떻게 됩니까?

- 목표를 이룬 당신은 무엇을 보고, 듣고, 느끼고 있습니까?

- 목표를 조금 더 구체적으로 말한다면 어떤 모습인가요?

- 당신이 목표를 향해 나아가도록 돕고 있는 것이 있다면 무엇입니까?

- 당신이 목표를 달성했는지 판단하기 위해서 그 목표를 숫자로 표현할 수 있을까요?

- 언제까지 이 목표를 달성하고자 하나요? 한 달 또는 석 달 등 당신 나름대로 정한 기간 내에 당신이 이루어 놓은 모습은 구체적으로 어떤 모습입니까?

우리가 정한 목표가 효과적인지는 다음의 SMART 기법을 통해서 점검해 볼 수 있다.

Specific	구체성	정확히 무엇을 하려고 합니까?
Measurable	측정 가능성	목표를 달성하는 것이 정량적으로 측정 가능합니까?
Action-oriented	행동 지향성	목표에 따른 구체적인 계획을 세울 수 있습니까?
Realistic	현실성	현실적으로 이룰 수 있는 목표입니까?
Timely	적시성	목표가 시간적, 시기적으로 합리적이고 적절하게 주어졌습니까?

3. 현실(Present)

바람직한 변화의 객관적인 출발점을 결정하기 위해서는 현실 점검이 필요하다. 현실의 목표를 이루기 위해 어떤 상황에 있는지 내적, 외적 상태를 점검해야 한다. 코치는 상황에 대한 주관적인 입장이 아니라 고객이 처한 객관적인 상황 자체를 직면하려고 노력해야 한다. 현실 인식을 할 때 고객의 마음이 상할까 에둘러 말한다면 오히려 고객의 회복과 성장을 방해할 수 있다. 현실에 대한 바른 인식이 처음에는 힘들고 어려울 수 있지만 직면하는 연습을 통해 우리의 고객들은 더 나은 선택지를 갖게 되고 성장을 향한 방향을 설정할 수 있다. 회복과 성장으로 가는 길이 늘 평탄하지만은 않을 것이다. 그럼에도 불구하고 감내해야 하는 마음의 무게와 내적 갈등이 있다면 반드시 겪고 지나가야 한다.

그 구간을 훌쩍 뛰어넘고 '모든 게 다 괜찮다'라고 여기며 코칭을 진행한다면 다음 디자인의 단계에서 부정적인 영향이 될 수 있음을 기억해야 한다. 코치의 객관적인 시각은 고객에게 진실의 거울이 되기도 한다. 현실 점검은 오늘을 선물로 여기며 스스로를 돌아보고 자신을 정직하게 점검할 수 있는 소중한 기회다.

현실 점검을 위한 질문들

- 현실적으로 어떤 일들이 일어나고 있습니까?
- 지금의 현실이 당신에게 얼마나 의미 있나요?
- 1에서 10까지의 기준에서 가장 이상적인 상황이 10이라면 당신의 현실은 어느 지점에 있습니까?
- 이번 주에 혹은 오늘, 목표와 관련해서 실제적으로 이루어 낸 것이 있다면 어떤 것이 있습니까?
- 목표를 위해 이미 시도해 본 것이 있다면 무엇이 있습니까? 변화를 가져왔다면 그것은 무엇인가요?
- 목표를 이루는 데 현실적으로 방해가 되는 것이 있다면 무엇입니까?
- 이 목표와 관련하여 인정하고 싶지 않은 자신의 모습이 있다면 어떤 모습입니까?
- 현재 상태에서 원하는 상태를 이루기 위해서 필요한 것이 있다면 무엇입니까?
- 현재 상태에서 원하는 상태를 이루기 위해 변화되어야 할 것이 있다면 무엇입니까?

4. 디자인(Design)

현실을 점검하고 확인한 후 목표를 이루기 위한 실행 계획을 디자인한다. 실행 계획을 설계할 때는 목표를 설정했을 때와 유사하게 선제적 관점을 활용해야 한다. 목표를 이미 이룬 것처럼 생각하고 이루어진 목표를 위해 우리가 했다고 생각되는 실제적인 행동들이 구체적으로 그려져야 한다. 동시에 계획들을 행동으로 이어갈 수 있도록 돕는 외재적 자원과 내재적 자원을 최대한 인식해야 한다. 목표를 이룰 수 있는 잠재적인 방법들을 창의적으로 생각하도록 하는 과정이며, 고객으로 하여금 수많은 대안을 말하게 하는 것보다 깊이 있게 생각하고 목표를 이루기 위한 최적의 방법을 찾을 수 있도록 돕는 과정이다.

디자인을 위한 질문들

- 당신에게 어떤 아이디어가 있습니까?
- 당신이 이미 목표를 이룬 것으로 상상한다면 어떤 계획들을 실천했기 때문일까요?
- 그 외에 다른 방법으로는 무엇이 있었습니까?
- 만약 당신이 목표를 이루는 데 무한한 자원을 가지고 있다면, 그리고 반드시 성공한다면 무엇을 시도해 보겠습니까?
- 목표를 이루는 정보를 어디에서 얻을 수 있습니까?
- 당신에게 시간, 에너지, 돈이 더 있다면 무엇을 하겠습니까?
- 목표를 이루는 데 당신이 생각하는 장애물, 방해 요인이 제거된다면 무엇을 시도해 보겠습니까?
- 현실의 장애물을 뛰어넘기 위해서 당신이 할 수 있는 것은 무엇입니까?

- 당신은 어떤 선택을 할 수 있습니까?
- 목표를 이루는 데 당신에게 도움을 줄 수 있는 사람이 있나요?
- 그에게 구체적으로 어떤 도움을 받을 수 있나요?
- 당신과 비슷한 목표를 이룬 사람이 있다면 그는 어떤 방법을 시도했나요?
- 그의 방법 중 당신이 적용해 볼 만한 것이 있다면 무엇인가요?
- 당신이 그 목표를 이미 이룬 것으로 상상한다면 당신의 어떤 강점이 도움이 된 것입니까?
- 또 어떤 강점이 활용되었습니까?
- 과거에 목표를 이룬 경험이 있다면 목표를 이룰 수 있었던 이유가 무엇입니까?
- 당신에게는 어떤 힘이 있었나요?
- 지금 말한 힘으로 목표를 바라본다면 어떤 시도를 해 볼 수 있습니까?

고객이 계획을 디자인하고 행동의 단계로 나아가도록 돕고자 한다면 앞서 설명한 강점 찾기와 가치 찾기 등을 활용해 보자. 더욱 즐겁게 내재적 자원을 확보하고 행동의 의지를 다질 수 있다.

5. 실행(Action)

이 단계는 고객이 설계한 실행 계획 중 선호하는 방법을 우선적, 실제적 행동으로 옮기는 단계다. 이는 '무엇을 행동으로 옮기겠는가?'를 의미하며 고객의 의지, 의도, 책임의 원칙이 중요해지는 단계다. 디자인된 실행 계획들이 어떻게 행동의 단계로 이어지느냐에 따라 고객들의 회복과 성장의 변화를 측정할 수 있게 된다. 관계 형성의 단계만큼 중요한 단계이며 코칭의 효과성은 바로 이 행동의 단계에서 나타난다고도 볼 수 있다.

행동을 위한 질문들

- 무엇을 우선적으로 실행하겠습니까?
- 언제 실행하겠습니까?
- 이 행동은 당신의 목표에 어떻게 도움이 되겠습니까?
- 당신은 그 행동을 실천하는 데 얼마나 집중하고 있습니까?
- 실행을 향한 당신의 의지는 1~10 중 어느 지점에 있습니까?
- 어떻게 하면 당신이 그 행동을 실천할 수 있겠습니까?
- 당신이 그린 디자인(실행 설계) 중 실행할 의지가 없는 것은 무엇입니까?
- 책임지고 행동으로 옮기고 싶은 실행 계획은 무엇입니까?
- 계획을 실천하는 데 도움을 줄 수 있는 사람이 있습니까?

6. 변화 점검(Change Check)

이 단계는 고객의 변화를 점검하는 단계다. 코치와 고객 사이의 상호 책임의 단계라고도 할 수 있다. 고객은 행동의 단계를 홀로 가는 것이 아니라 코치와 동행한다. 코치는 변화의 점검 단계에서 사람이 아니라 상황을 점검하는 것임을 의식화해야 한다. 코칭이 숙제를 검사하는 시간이 되어서는 안 되며, 고객의 성장을 건강한 방법으로 돕기 위한 피드백의 시간으로 생각해야 한다.

변화 점검에 대한 질문들

- 당신은 실행에서 어느 지점에 있습니까?
- 어떻게 진행되고 있습니까?
- 그 일과 관련해 지금 당신의 상황은 어떻습니까?
- 당신이 생각할 때 어느 정도의 변화가 있다고 생각하십니까?

변화가 이루어지지 않은 상황에 대한 질문

- 무슨 일이 있었습니까?
- 이 과정을 통해 무엇을 배우게 되었습니까?
- 당신에게 어떤 격려를 보내고 싶습니까?
- 다음에 무엇을 해 보고 싶습니까?
- 행동 단계의 장애물은 무엇이었습니까?
- 장애물을 넘어서기 위한 가장 효과적인 방법은 무엇이 있을까요?

변화가 이루어진 상황에 대한 질문

- 변화를 이룰 수 있었던 이유는 무엇입니까?

- 당신 스스로 가장 만족스러운 부분은 무엇입니까?

- 당신의 어떤 강점, 가치, 기술 등이 변화를 이루는 데 기여했습니까?

- 변화를 이룬 당신에게 어떤 칭찬을 해 주고 싶습니까?

- 장애물을 어떻게 넘어섰습니까?

- 이 과정 중 당신의 어떤 부분이 성장하였습니까?

- 이 과정을 통해 당신이 배운 게 있다면 무엇입니까?

- 앞으로 무엇을 하고 싶습니까?

Resilience Coaching

미투위 코치들의
회복과 성장 스토리

강 코치의
「코치가 되기까지 나의 회복과 성장 스토리」

회복은 상처를 수반하지만 성장을 의미하기도 합니다. 상처투성이였던 제가 코칭을 만나 회복하고, 성장을 꿈꾸게 된 이야기를 해 보려고 합니다.

어린 시절, 부모님의 부재는 늘 저를 외롭게 했습니다. 초등학교 1학년 때 학교가 끝나고 집에 오면 혼자 밥을 차리고 설거지하고 숙제하는 것이 익숙한 하루의 일과였습니다. 하지만 그것보다 제 마음을 더 힘들게 하는 것은 사랑의 목마름이었습니다. 저의 아버지는 아주 엄격하신 분이셨습니다. 살면서 단 한 번도 아버지에게서 따뜻한 말을 들어 본 기억이 없습니다. 아버지의 말은 집에서 법이었고 어길 시에는 폭력으로 이어지기도 했습니다. 방 안에서 웅크리고 앉아 소리 없이 흐느낄 때마다 저는 스스로 더 모질게 채찍질하고 있었습니다. 고등학교 시절 집에서 벗어나야 숨을 쉴 수 있을 것 같아 아주 큰 마음을 먹고 짐을 싼 적이 있었습니다. 저는 운이 나쁜 걸까요? 몇 발자국 가지 못해 집에 들어오는 아버지와 마주쳤고 전 그날 참 많이도 맞았습니다. 나중에 성인이 되어 아버지에게 그날 일을 물어봤지만 기억하는 사람은 저뿐이었고 아버지의 기억 속에는 사라진 일이었습니다. 그렇게 사춘기를 겪을 겨를도 없이 어느덧 어른이 되어 있었습니다.

21살이 되던 해 지독한 가슴앓이가 시작되었습니다. 의사는 우울증이라고 진단했습니다. 그렇게 5년간 저는 우울증과 싸우며 전쟁 같은 나날을 보냈습니다. 그 전쟁은 다른 사람이 아닌 저 자신과의 싸움이었습니다. 살고 싶다가도 죽고 싶고, 이제 털고 일어나야지 하다가도 주저앉아 버렸습니다. 감정을 꼭꼭 숨긴 채 누구에게도 제 진짜 모습을 드러내기를 두려워했습니다. 시간이 약이 되었을까요? 시간이 지나며 점점 괜찮아지는 듯했습니다. 그렇게 우울증과의 전쟁이 끝났다고 생각했는데 불현듯 내면 깊숙이 숨어 곪아버린 그 감정은 수면 위로 올라와 저를 괴롭혔습니다.

그러던 중 2016년 우연히 코칭 교육에 참여하게 되었습니다. 태어나 처음 제 마음을 인정받은 날이었습니다. 그땐 미처 알지 못했지만 그날 처음 회복과 마주하게 되었던 것 같습니다. 코칭을 통해 받았던 마음의 위로는 코치에 대한 호기심이 되었습니다. 호기심은 적극적인 관심으로 커졌고, 기회가 될 때마다 코칭 강의에 참여하기 시작했습니다. 이 코치 님은 늘 제게 지지자이자 공감자가 되어 주었습니다. "그건 당신 잘못이 아니에요. 당신도 얼마나 힘들었겠어요"라는 말 한마디가 너무나도 위로가 되었습니다. 저는 서서히 제 존재와 마주하는 것을 겁내지 않고 용기를 내어 있는 모습 그대로의 저를 수용하기 시작했습니다. 과거의 사건 속 제 마음을 인정하고 내면의 이야기에 귀를 기울이는 작업을 반복하자 긍정적인 변화가 시작되었습니다. 이제는 다른 사람의 아픔이 제 눈에 들어왔습니다. 돌이켜보면 세상에 혼자 있는 것 같은 시간이라 생각했던 그때도 늘 엄마가 곁에 계셨습니다. 어린 시절 눈물로 범벅이 되었던 순간, 세상을 등지고 싶었던 순간, 버림받던 그 순간에도 엄마는 제 곁에 늘 한결같이 계셨습니다. 그때 엄마도 많이 아프셨을 겁니다. 이전까지는 다른 사람의 상처를 보지 못했지만 회복은 다른 사람의 상처를 볼 수 있는 시선을 제게 선물로 주었습니다. 변화는 저에게 꿈을 꾸게 했습니다. 태어나 한 번도 가슴 뛰는 꿈을 가져본 적 없던 제가 코칭을 배우며 가슴이 뛰기 시작했습니다. 회복은 오늘보다 내일 더 성장한 나로 살게 하는 구심점이 되었습니다. 학창 시절에는 꿈을 가져본 적도, 왜 공부를 해야 하는지도 알지 못했습니다. 그러나 이제 제게도 하고 싶은 일이 생겼습니다. 그리고 꿈을 향해 하나씩 실행에 옮겼습니다. 교육학을 전공하기 위해 대학교에 편입하고 차근차근 공부를 시작했습니다. 사실 몰입해서 공부하는 것은 처음이나 마찬가지였기 때문에 쉽지 않은 과정이었습니다. 그러나 오늘 할 일을 묵묵히 해 나가고자 의지를 다졌습니다. 서두르지 않고 배워가며 서서히 오늘보다 내일 더 성장한 저 자신을 만나는 일은 삶에 즐거움이 되었습니다. 그렇게 할 수 있었던 이유를 생각해 보니 저도 누군가에게 진정한 공감자가 되고 싶다는 소망 때문이었던 것 같습니다. 사회복지 현장에서 다양한 사람들을 만나며 그들의 이야기에 귀를 기울이고 함께 울고 웃으며 회복하는 과정은 곧 저의 사명이 되었습니다. 과거를 돌아보면 상처투성이인 제가 보였지만 오늘은 회복하며 꿈을 꾸고 그 꿈을 위해 성장하고자 힘 있게 다시 일어선 제가 보입니다. 저는 여전히 성장하고 있습니다. 그 걸음이 더디고 힘들어도 절대 포기하지 않을 것입니다. 코칭을 통해 상처 입은 사람들과 회복을 꿈꾸고 함께 성장하고 싶기 때문입니다.

김선화 코치의
「나의 삶이 누군가의 소망이 되는 꿈을 꾸며」

전혀 생각하지 못했고 한 번도 걸어가 보지 못한 삶, 20살 무렵 장애인의 삶이 시작되었습니다. 40도가 넘는 고열과 재발로 하지 마비가 되어 8년간을 세상과 단절하며 살았습니다. 처음 전동휠체어를 타고 동네한 바퀴를 혼자 돌다가 들어오는 것도 힘겨울 때였습니다. 그럼에도 홀로서기를 준비한 것은 10년이 넘는 투병생활에 한결같이 제 손발이 되어 주신 엄마의 짐을 덜어드리고 싶은 마음에서였습니다. 문득 바라본 엄마의 모습은 주름살이 너무 많이 늘어났고, 그 많던 머리숱도 다 빠져서 정수리가 훤히 드러나 보였습니다. 그렇게 당당하게 살아오셨고, 어떤 일을 하든지 척척 해내시던 분의 어깨가 너무 초라해 보이는 순간 들이 참 마음 아프게 다가왔습니다. 이런 생각들이 계속 마음에 쌓이다 보니 뭐라도 해야겠다는 생각이 들어서 일자리를 알아보기도 했습니다. 그리고 어느 날은 '공부를 해야 하나?'라는 생각에 학교를 알아보며 시 간을 보냈습니다.

현실적으로 장애인이 학벌 없이 일자리를 구한다는 게 쉽지가 않았 습니다. 그래서 30대 중반의 나이로 대학 생활을 시작했습니다. 긴 투병 생활로 인해 생활고에 무수히 부딪히기도 했습니다. 도움의 손길이 필 요한 순간마다 엄마와 많이 울었던 기억 때문에 내가 있는 자리에서 만 큼은 소외된 사람들이 없기를 바라는 마음으로 사회복지 공부를 시작 했습니다. 사회복지를 전공하면서 현장의 어려운 상황들이 이해되기도 하고 안타까운 마음이 들기도 했습니다. 그럼에도 전문성을 갖춰야 한 다는 생각을 갖게 되었기에 힘을 냈습니다. 이 자리에 오기까지 많은 사 람의 지지와 도움이 있었습니다. 그에 보답하는 삶을 살아가기 위해 저 에게는 공부가 더 필요했습니다.

2016년에 나사렛대학교 사회복지학과 석사를 향한 연이은 도전이 시 작되었습니다. 대학원에 진학하고부터는 상담에 더 관심을 갖게 되어 관 련 과목들을 무리해서라도 공부했습니다. 그때 처음 코칭 수업에 참여하 게 되었고, 교수님과 제자의 관계로 이지연 코치를 만나게 되었습니다.

코칭에 대해 아는 지식도 없었고, 어떤 개념을 가지고 참여해야 하는지 모르는 상태에서 코칭을 접했습니다. 무엇을 이뤄 내야겠다는 생각보다 경험해 보자라는 마음이 더 컸던 것 같습니다. 코칭을 경험하면서 기억에 남는 것은 '이 공간 안에서 만큼은 안전하다'라는 이야기였습니다. 잘하고 최고가 되어서 돋보여야 한다는 것이 아니라 그 사람 자체로 빛이 나고 귀한 존재, 독립적 존재라는 것이었습니다. 인간이 가진 습관이나 삶의 방식 등은 모두 존중되어야 하며 그대로 받아들여져야 한다는 것이었습니다. 그리고 누구나 내면에 힘을 가지고 있다는 것이었습니다. 어떤 면에서는 상담과 코칭에 차이가 느껴지기도 했지만 이런 내용들이 좀 더 알아가고 싶다는 호기심을 불러일으켰습니다. 코칭은 매주 다양한 놀이를 하는 기분이었습니다. 이 놀이는 의미 없는 놀이가 아닌 지지를 받고 긍정에너지를 나누는 방식이었습니다. 공부해야 한다는 것보다 함께하는 것 자체가 즐거움으로 다가왔습니다. 일반적인 상담이 문제를 치료적 입장에서 접근하는 방식이라면, 코칭은 문제를 이끌어 내기보다 강점을 바라보고 해결점을 생각하게 했습니다. 스스로 한계점을 정하는 것이 아니라 내면의 무한한 에너지와 가능성을 이끌어 내는 방법이 매력적이었습니다. 동기들도 코칭 수업으로 힐링을 받는다고 이야기할 정도로 만족도가 높았습니다.

한 사람의 강점을 찾아봐 주고 긍정적인 에너지를 이끌어 낸다는 것이 결코 쉬운 일은 아닙니다. 코칭을 통해서 자신의 비전을 찾아가고 원하는 바가 무엇인지 발견해 간다는 것은 매우 행복한 일일 것입니다. 코로나19 상황이 장기화되면서 주변의 많은 사람이 침체기를 겪고 힘겨워하는 모습을 자주 접합니다. 그럴 때마다 보는 사람도 같이 한숨짓게 되는 경우가 있지만 그럼에도 우리가 이 자리에 있는 이유, 살아내야 하는 이유가 있지 않으냐며 이야기를 나누곤 합니다. 궁지에 몰린 것 같은 상황 속에서도 가능성을 찾고 이끌어 내줄 수 있는 역할이 있다면 그것은 바로 코칭일 겁니다.

코칭을 인생의 꽃이라 설명하고 싶습니다. 이는 어느 나이에 국한되지 않고 아이부터 성인에 이르기까지 모두에게 적용될 수 있습니다. 현재의 삶에 머무르게 하지 않고 다른 시작의 길을 갈 수 있는 용기를 북돋아주어 삶에 봄볕 같은 화창함을 안겨 주기 때문입니다. 또한 이 에너지가 사람과 사람 사이의 협력 관계를 더욱 돈독히 해 주기도 합니다. 이만하면 코칭이 인생의 꽃인 것이 인정되겠지요. 이렇듯 코칭은 새로운 삶을 시작하는 사람이나 현재의 삶에 지쳐 지지가 필요한 사람이나 무언가 소통이 필요한 사람까지 폭넓게 적용할 수 있다는 장점을 지니고 있습니다. 저는 코칭을 배우면서 긍정적인 사고를 하게 되었습니다. 또 지지하는 방법을 더 깊게 알 수 있었습니다. 다른 사람을 지지하는 방법은 진심으로 있는 그대로의 그들을 인정하는 것입니다. 그럴 때 코칭은 진정한 힘을 발휘할 수 있습니다.

저의 언어습관 중 하나가 무의식적으로 상대의 말을 제가 이해한대로 해석해서 받아들이는 것입니다. 그렇다 보니 상대가 이야기한 의도를 왜곡할 때가 종종 있습니다. 코칭 시연을 하면서 제 언어습관도 점검하게 되었고 그 습관에 대해 고민해 보는 의미 있는 시간이 되었습니다. 지금도 배워가는 단계라 생각합니다. 여러 책도 보고 스터디 모임을 통해 성장을 멈추지 않을 것입니다. 제가 받은 도움과 사랑을 코칭을 통해서 나누며 선한 영향력을 발휘하려고 합니다. 저의 꿈이 당신들의 꿈을 지지할 수 있는 그날이 오길 소망합니다!

김지애 코치의
「코치, 무모하지만 새로운 시작을 향한 도전!」

39년째 뇌병변장애인으로 살아가며 겪은 수많은 일은 말로 다 표현할 수 없어서인지 너무 자연스럽게 나의 어린 시절은 기억에서 사라져 있습니다. 어렴풋이 생각나는 것은 다양한 놀림과 차별이 있었고 그로 인해 내면에는 항상 어떤 아픔인지 정확히 알 수 없는 상처가 함께 자라고 있었다는 것입니다. 그럼에도 불구하고 긍정적으로 살아가려고 노력했고, 다른 사람들과 함께 살아가기 위해 웃는 얼굴을 유지해 왔습니다. 그 덕분인지는 모르겠지만 제 주변에는 언제나 좋은 사람들이 곁에 있었습니다.

그 많은 좋은 사람 중 대학 시절 특별히 저를 아껴 주시고 지지해 주신 교수님이 계십니다. 교수님 덕분에 대학을 졸업한 지 10년이 지난 어느 날 같은 대학의 대학원에 입학하게 되었습니다. 저는 장애인 인식개선 교육 강사이기에 언젠가는 대학원 과정이 필요했던 상황이었습니다.

교수님의 도움이 아니었다면 저에게 대학원 입학은 재정적인 문제로 언감생심이었을 겁니다. 그런데 막상 대학원에 합격하자 난관에 봉착했습니다. 학교를 오가는 길이 어마어마한 체력을 요구하고 있었기 때문입니다. 그래도 시작했으니 한번 해 보자는 생각으로 주 2회 기차와 전철로 통학을 결정하고 1년간 열심히 수업에 참여했습니다.

주말 수업이 매 학기 개설이 되는데 그 수업은 자격증까지 취득할 수 있었습니다. 그러나 저는 원우들이 열심히 공부하는 모습을 바라볼 수밖에 없었습니다. 자격증을 취득하고 싶었으나 체력이 허락하지 않을 것을 잘 알기에 엄두를 낼 수 없었던 겁니다. 고민 끝에 다른 수업 하나를 포기하고 코칭 수업을 들었습니다. 하지만 첫날 수업을 개인적인 일로 인해 결석하고 2번째 수업부터 참여하게 되었습니다. 어리둥절한 상태로 수업에 참여했는데 지지언어가 많고 스스로 자신을 돌아본다고 하는 점에 마음이 끌렸습니다. 마음이 열리자 적극적으로 공부도 하게 되었습니다. 코칭 수업 안에서 저는 더 밝아진 저 자신을 볼 수 있었습니다. 전동휠체어를 타고 새벽부터 움직여 기차로 2시간 그리고 전철을 갈아타며 학교에 가는 여정은 여간 힘든 일이 아니었습니다. 그런데 코칭 수업만큼은 다른 때보다 밝고 활력이 넘치는 저를 보는 것이 신기했습니다. 각종 매트릭스를 활용하는 방법을 배우는 것이 즐거웠고, 제가 다른 사람에게 이런 에너지를 줄 수 있다는 것이 기쁘고 뿌듯했습니다.

한편으로는 걱정되는 것이 있었습니다. 지금도 자격증이 많은데 활용도가 제로에 가까웠기에 코칭 역시 그리되는 것은 아닐지 염려된 것입니다. 그러나 그 걱정은 기우에 불과했습니다. 교수님으로 오셨던 이지연 코치는 모두 계획이 있는 분이었습니다. 장애학생들을 위한 멘토 코칭이라는 프로그램을 장애학생지원센터와 함께 기획하여 일할 수 있는 경로를 만든 것입니다. 코치 자격을 취득하고 나사렛대학교 장애학생지원센터의 장애학생들과 멘토 코칭으로 26회기 정도를 만나게 되었습니다. 제가 어렵게 걸어왔던 그 길을 후배들 역시 걷고 있는 모습을 보며 미안한 마음이 들었습니다. 후배 장애학생들에게 좀 더 나은 세상을 만들어 주지 못한 선배라는 게 미안했고 저와 같은 상처를 아직도 여전히 받고 있는 학생들이 안쓰러웠습니다. 그래서 저는 그 미안한 마음과 안쓰러운 마음을 다른 방법으로 학생들에게 표현하려 노력했습니다. 코칭 시 긍정적인 말로 소통하며 그들에게 용기를 북돋아 주고자 했습니다. 본디 저는 장애인 당사자에게는 단호하며 엄격하게 자립을 강조하던 사람이었습니다. 그러나 코칭은 그런 저에게 말을 하기 전 한 번 더 생각해 보게 했고 좋은 말로 에너지를 전달할 수 있는 사람으로 변화시켜 주었습니다. 제가 이렇게 변화되어가듯 다른 장애인들도 좋은 에너지를 받아 회복되고 성장하는 기회를 만나길 바라봅니다.

참고도서

- 김주환, 『회복탄력성』, 위즈덤하우스, 2019.
- 김현아, 『성공변화 코칭 워크숍』, 시그마프레스, 2009.
- 고성준, 『카이로스』, 규장, 2020.
- 도널드 클리프턴&폴라 넬슨, 『강점에 올인하라』, 홍석표 옮김, 솔로몬북, 2007.
- 도널드 클리프턴&톰 래스, 『위대한 나의 발견 강점혁명』, 청림출판, 2017.
- 로먼 크르즈나릭, 『공감하는 능력』, 김병화 옮김, 더퀘스트, 2018.
- 마크 브래킷, 『감정의 발견』, 임지연 옮김, 북라이프, 2020.
- 마틴 셀리그만, 『긍정 심리학』, 김인자 옮김, 물푸레, 2009.
- 빅터 프랭클, 『빅터 프랭클의 죽음의 수용소에서』, 이시형 옮김, 청아출판사, 2020.
- 사이먼 배런 코언, 『공감 제로』, 홍승효 옮김, 사이언스북스, 2013.
- 아이작 유, 『질문지능』, 다연, 2017.
- 아트 마크먼, 『스마트 싱킹』, 박상진 옮김, 진성북스, 2012.
- 이병욱, 『울어야 삽니다』, 중앙m&b, 2011.
- 이어령, 『빵만으로는 살 수 없다』, 열림원, 2011.
- 이지선, 『지선아 사랑해』, 문학동네, 2010.
- 이지성, 『청소년을 위한 꿈꾸는 다락방』, 생각학교, 2017.
- 앨런 피즈&바바라 피즈, 『결국 해내는 사람들의 원칙』, 반니, 2017.
- 조 볼러, 『언락』, 이경식 옮김, 다산북스, 2020.
- 존 가트맨 외 2인, 『내 아이를 위한 감정 코칭』, 해냄, 2020.
- 존 휘트모어, 『성과 향상을 위한 코칭 리더십』, 김영순 옮김, 김영사, 2019.

- 이기상, 「생활리듬 만드는 오케스트라 '생체시계'를 맞춰라」, 『헬스조선』, 2018.03.19., https://health.chosun.com/
- 이동환, 「마음을 편안하게 만들어 주는 내 마음의 필터링」, 『Huvistory』, 2019.09.11., https://blog.huvis.com/
- 장수아, 「오늘, 허락된 것들에 감사하자」, 『중앙일보』, 2020.07.15., http://www.koreadaily.com/
- 조일준, 「카이로스의 시간」, 『한겨레』, 2017.12.31., https://www.hani.co.kr/

- Buckingham, Marcus, Clifton, Donald O., Ph.D., "Now, Discover Your Strengths", Simon & Schuster, 2001.
- Emmons, Robert A., "THANKS! How Practicing Gratitude Can Make You Happier", New York : Mariner Books, 2007.
- Howard Gardner, "Frames of Mind", Harper Collins, 1993.
- Mathew Lieberman, "Putting feelings into words: affect labeling disrupts amygdala activity in response to affective stimuli", University of California, Los Angeles, 2007.
- Ryan, R. M., & Deci, E. L., "Self-determination theory and the facilitation of intrinsic motivation, social development, and well-being" American Psychologist, 2000.
- Timothy Gallwey, "The Inner Game of Tennis ", Pan Macmillan, 2014.
- William Frey, "Crying: The Mystery of Tears", Winston Press, Texas, 1977.